Interaktive E-Books – technische und didaktische Empfehlungen

Michael Raunig, Elke Lackner & Gerald Geier

Interaktive E-Books – technische und didaktische Empfehlungen

Leitfaden zur Erstellung und didaktischen Gestaltung von E-Books

2., überarbeitete und erweiterte Auflage

gefördert vom Forum neue Medien in der Lehre Austria

< fnm >

Impressum

Interaktive E-Books – technische und didaktische Empfehlungen
Leitfaden zur Erstellung und didaktischen Gestaltung von E-Books

2., überarbeitete und erweiterte Auflage

herausgegeben vom Verein Forum neue Medien in der Lehre Austria
Graz, 2016

Autor und Autorin:
Michael Raunig, Elke Lackner und Gerald Geier
mit Gastbeiträgen von Heiko Vogl, Michael Lanzinger und Christian Nosko

ISBN
9783734762116

Herstellung und Verlag
BoD - Books on Demand, Norderstedt

< fnm >

Inhalt

< fnm >

< fnm >

Vorwort des fnm-austria-Präsidiums

„Der Verein Forum neue Medien in der Lehre Austria bietet als etablierte Interessenvertretung ein lebendiges Netzwerk sowie die Entwicklung und Verbreitung von institutionsübergreifenden Maßnahmen und Modellen im Bereich der (technologiegestützten) Bildungsangebote."

Basierend auf diesem Mission Statement hat sich der Verein bereits 2010 dazu entschieden, seinen Mitgliedern Handreichungen und Praxisbeispiele zur Verfügung zu stellen, die sie bei der Realisierung und Verbesserung technologiegestützter Lehr- und Lernprozesse bestmöglich unterstützen. Durch gezielte Projektvergaben an unsere Mitglieder versucht der Verein, spezifisches Know-how zu bündeln und so wieder in geordneter Form allen zur Verfügung zu stellen.

Als neueste Ausgabe unserer Handbücher können wir Ihnen dieses Mal die aktualisierte und erweiterte Auflage des Handlungsleitfadens der Arbeitsgruppe „Interaktive E-Books" anbieten. Der neue Leitfaden gibt Einblick in aktuelle technische Entwicklungen und versammelt didaktische Überlegungen und Erkenntnisse, die sich beim Erstellen von E-Books und deren Einsatz in der Lehre als hilfreich erweisen.

Der Verein bedankt sich bei all den Autorinnen und Autoren und den oftmals vielen Helferinnen und Helfern im Hintergrund, die diese Ressource überhaupt erst ermöglichen. Und Ihnen, liebe Leserinnen und Leser, wünschen wir viel Spaß mit der Lektüre und freuen uns, wenn Sie unsere Vereinsaktivitäten in Zukunft weiterhin so unterstützen.

Martin Ebner & Hans-Peter Steinbacher
Präsidenten des Vereins
Forum neue Medien in der Lehre Austria

< fnm >

< fnm >

1. Über das Projekt

Die Projektidee einer österreichweiten E-Book-Arbeitsgruppe wurde bei der fnm-austria-Ideen-werkstatt im November 2013[1] von Elke Lackner und Michael Raunig (Universität Graz) vorge-schlagen und zur Förderung ausgewählt. Die Arbeitsgruppe wurde daraufhin zunächst von De-zember 2013 bis Dezember 2014 eingerichtet; der Schwerpunkt wurde dabei auf die technischen Möglichkeiten gelegt, die moderne E-Book-Formate (insbesondere EPUB 3) für interaktive E-Books eröffnen. Anknüpfend an den Wunsch, E-Books vertieft mit didaktischen Überlegungen zu konfrontieren und anhand von konkreten Produkten zu realisieren, wurde die Arbeitsgruppe von September 2015 bis Mai 2016 aktiv fortgeführt.

An der Akademie für Neue Medien und Wissenstransfer der Universität Graz wurden schon seit Län-gerem verschiedene E-Book-Projekte verfolgt – neben einschlägigen Workshop-Angeboten etwa die (Mit-)Organisation der iUNIg-Tagung zum Thema „Warum E-Books (nicht) funktionieren"[2] im November 2012, die Erstellung eines Moodle-Praxisbuchs als E-Book[3] im gleichen Jahr oder die Erprobung und Gestaltung interaktiver Übungen für digitale Sprachlehrbuch-Projekte. Während der Auseinandersetzung mit E-Books und insbesondere im Rahmen der Arbeitsgruppe wurde eine Reihe von technologischen und didaktischen Erkenntnissen gewonnen, die mit der Community geteilt und allen E-Book-Interessierten zur Verfügung gestellt werden sollen – besonders jenen, die E-Books an Hochschulen erstellen und in der Lehre einsetzen wollen. Das zentrale Projektergebnis stellt der Handlungsleitfaden dar, dessen erste Auflage[4] 2015 erschienen ist und nunmehr in einer aktualisierten und erweiterten Auflage vorliegt.

1.1. Aktivitäten der Arbeitsgruppe

In einem ersten, konstituierenden Schritt wurden Akteurinnen und Akteure und Handlungsfelder identifiziert und Interessierte zur Teilnahme an der Arbeitsgruppe eingeladen. Nach ersten Vor-arbeiten startete die erste Arbeitsgruppe mit dem Titel „Interaktive E-Books – technische und di-daktische Empfehlungen" im Februar 2014 mit einem Kick-off-Meeting in Graz. Ende April 2014 folgte ebendort ein Technik-Workshop, und den Abschluss der Präsenztreffen bildete ein Didaktik-Workshop Ende Oktober 2014. Die Fortführung der Arbeitsgruppe, die erneut vom Verein Forum neue Medien in der Lehre Austria gefördert wurde, umfasste drei Arbeitsgruppentreffen (ein On-line-Auftaktmeeting im Oktober 2015, ein Präsenz-Workshop im Dezember 2015 in Graz sowie ein weiteres Online-Arbeitsgruppentreffen Ende April 2016, das die Präsentation vorläufiger Ergebnis-se, die Aktualisierung des Leitfadens und die Zukunft der Arbeitsgruppe zum Inhalt hatte).

---

1 http://www.fnm-austria.at/special-pages/news-detail/article/einladung-zur-fnm-austria-ideenwerkstatt.html
2 http://iunig.at/e-book-2012/
3 http://akademie.uni-graz.at/de/produkte/moodle-praxisbuch-als-e-book/
4 http://www.fnm-austria.at/publikationen/buecher.html

< fnm >

Zu Dokumentations- und Kommunikationszwecken und für die webbasierte Zusammenarbeit in der Arbeitsgruppe wurden von der Projektleitung ein Weblog[5], wo auch sämtliche Aktivitäten der Arbeitsgruppe im Detail dokumentiert sind, und eine Mailingliste[6] eingerichtet.

Wir möchten uns an dieser Stelle bei allen Mitgliedern der Arbeitsgruppe für ihre aktive Mitwirkung und Unterstützung bedanken! Unser besonderer Dank gilt Monika Anclin, die uns in der ersten Arbeitsgruppe als Projektmitarbeiterin unterstützt hat, sowie Gerald Geier, der in der Fortführung 2015/2016 als Projektmitarbeiter mitgewirkt hat.

1.2. Zum Leitfaden

Der vorliegende Leitfaden umfasst zwei Teile, die auch separat gelesen werden können und aus den unterschiedlichen Herangehensweisen an das Thema E-Books resultieren: Einerseits zeigt es sich, dass im Prinzip (d. h. laut den aktuellen technischen Standards, Entwicklungen und Gegebenheiten) vieles in Richtung interaktive E-Books möglich ist, dass die Grenzen jedoch meist durch die Lesesysteme (E-Book-Reader) gesteckt werden und dass die gestalterischen Vorhaben im Detail oft Probleme aufwerfen, die wiederum (zum großen Teil) auf die Vielfalt und den unterschiedlichen Funktionsumfang aktueller Lesesysteme zurückzuführen sind; diesen vorwiegend technischen Fragen wird im ersten (technischen) Teil des Leitfadens nachgegangen, der eine Vielzahl von Softwarelösungen für unterschiedliche Plattformen vorstellt.

Andererseits lässt sich ein didaktisch inspiriertes Ideal-E-Book mit unterschiedlichen Funktionen vorstellen, die eine Abgrenzung auf drei Ebenen zur Voraussetzung haben: zum traditionellen Schul- und Lehrbuch, zum PDF und zur Lernplattform. Dabei erweisen sich einige Funktionalitäten aus didaktischer Sicht als notwendig, um einen Mehrwert für den Einsatz in Unterricht und Lehre zu gewährleisten, andere Funktionalitäten jedoch eher als Zugabe, also als nicht zwingend notwendig. Am Beginn des Didaktik-Teils steht deshalb eine Abgrenzung zwischen unterschiedlichen Notionen des interaktiven E-Books, wobei Interaktivität, Multimedialität und Personalisierbarkeit als Kriterien zur Unterscheidung von bloßen Digitalisaten und interaktiven Schulbüchern herangezogen werden. In einem zweiten Abschnitt werden allgemeine Überlegungen zum Erstellen von E-Books angestellt, deren Ziel es ist, im Unterricht oder der Lehre eingesetzt zu werden und einen Mehrwert für den Lehr- und Lernprozess zu geben. Abschließend folgen Überlegungen zu didaktischen Einsatzszenarien, die auf die in den vorangehenden Abschnitten beschriebenen Überlegungen aufbauen.

Eingangs wird eine einleitende Definition und Abgrenzung von E-Books versucht, die einen vorläufigen Arbeitsbegriff für den Leitfaden und den thematischen Rahmen liefert. Abgeschlossen wird der Leitfaden durch ein Fazit, wobei man so viel schon vorwegnehmen kann: „Leitfaden" kann

---

5   http://akadsrv.uni-graz.at/ieb/
6   http://list.uni-graz.at/mailman/listinfo/ieb14

beim aktuellen Stand der Technik nur heißen, dass eine Reihe von Wunschvorstellungen, Möglich-keiten, Grenzen von E-Books aufgezeigt und konkretisiert wird. Eine übergreifende Lösung mit Schritt-für-Schritt-Anleitung für jegliches E-Book-Vorhaben ist leider – ebenso wie eine harmoni-sche „Verheiratung" von technischem Status quo und didaktischer Vision – (derzeit) nicht möglich. Nichtsdestotrotz werden wertvolle Hinweise für die Erstellung und Planung gegeben, mögliche Stolpersteine technischer oder organisatorischer Natur vorweg ausgeräumt und die Wahl der ersten Schritte auf dem Weg zum eigenen E-Book wird erleichtert.

< fnm >

< fnm >

2. Was verstehen wir unter „E-Books"?

2.1. Begriff, Formate, Abgrenzung

2.1.1. Definition

Eine Definition von E-Books fällt, wenn sie allgemeingültig sein soll, notgedrungen umfassend aus: Unter E-Books sind elektronische oder digitale Bücher zu verstehen, die somit einerseits in digitaler Form vorliegen (egal, ob es ein gedrucktes Pendant dazu gibt) und andererseits (zumindest nach heutigem Stand der Technik) mit elektrisch betriebenen Endgeräten (Smartphone, Tablet, PDA, spezielle E-Reader, Notebook, PC) gelesen werden. Darunter fallen auch Bücher in simplen Textformaten (txt-Dateien) oder Dateien im Portable Document Format (PDF), die jedoch umstrittene Kandidaten für E-Books darstellen: Einerseits werden diese von den meisten E-Book-Readern einwandfrei dargestellt und gelten nach wie vor als Standardformat für wissenschaftliche Publikationen (besonders bei E-Journals), andererseits unterscheiden sich PDF-Dateien in wesentlicher Hinsicht von modernen E-Book-Formaten (s. u., Abschnitt „Abgrenzung") und entbehren flexibler Darstellungs- und interaktiver Gestaltungsmöglichkeiten. Insbesondere im Zusammenhang mit interaktiven E-Books empfiehlt sich deshalb ein eingeschränkter Arbeitsbegriff, demzufolge ein E-Book als Werk in einem modernen E-Book-spezifischen Format wie EPUB, AZW/KF8, ibook etc. gilt.[7] E-Books als Medium beinhalten digitale Inhalte wie Texte, Formeln, Bilder, Audio, Video, Animationen, Links oder interaktive Elemente; die Lesesysteme für E-Books (spezielle Soft- oder seltener auch Hardware; im Folgenden „Reader" genannt) bieten neben der Anzeige von E-Books gewohnte Funktionen (schnelles Durchblättern, Anzeige des Inhaltsverzeichnisses, Annotation und Markierung von Textstellen, Setzen von Lesezeichen etc.) an, die den traditionellen Lesegewohnheiten entsprechen, aber auch innovative Funktionen, die bei gedruckten Büchern ausgeschlossen waren (Änderung von Schriftgröße, Schriftart und Kontrast; Verwaltung von persönlichen E-Bibliotheken; Bezug von neuen Büchern über die Internetverbindung, Synchronisieren mit Desktop- oder Cloud-Bibliotheken bzw. mobilen Endgeräten etc.).

2.1.2. Moderne E-Book-Formate

Neben Amazons aktuellem proprietärem Format KF8 („Kindle Format 8")[8], einer Weiterentwicklung des älteren Mobipocket- und des darauf basierenden AZW-Formats, gilt insbesondere EPUB als Standardformat für moderne E-Books; es bietet sich insbesondere durch seine Offenheit und weite Verbreitung als akademische Lösung an, eröffnet gleichzeitig aber auch viele technische

---

7   Die Definition der UNESCO nennt E-Books nicht explizit, weshalb es offen ist, ob der dort genannte Mindestumfang von 49 Seiten auch für E-Books gilt. http://portal.unesco.org/en/ev.php-URL_ID=13146&URL_DO=DO_TOPIC&URL_SECTION=201.html, Stand vom 17.5.2016.

8   http://www.amazon.com/gp/feature.html?docId=1000729511, Stand vom 17.5.2016.

< fnm >

Möglichkeiten. Beide Formate zeichnen sich durch ein flexibles Seitenformat[9] und den kontinuierlichen Textfluss aus, d. h., die entsprechenden Dokumente („reflowable") passen sich in Format und Größe dem Display des Readers an.

EPUB ist ein offener Standard des International Digital Publishing Forum (IDPF)[10] und liegt aktuell in den Versionen 2.0.1 und 3.0.1 vor. Er basiert (u. a.) auf freien und verbreiteten Standards wie XML bzw. XHTML (Inhalte), CSS (Formatierung), Dublin Core (Metadaten) und Zip (Archivdatei-Typ) und stellt sich somit als sehr Webseiten-affin dar – stark verkürzt kann von einer „gepackten Webseite" gesprochen werden.

Insbesondere EPUB 3, das als Standard bereits 2011 verabschiedet wurde und dessen Funktionen nach und nach auch von diversen Readern unterstützt werden, basiert auf HTML5 und CSS 2.1 bzw. teilweise CSS 3, bietet neben Audio- und Video-Unterstützung und „Media Overlays" (Text-Audio-Synchronisation für kombinierte Lese-Hör-Bücher oder vorgesprochene Passagen) auch die Einbindung skalierbarer Vektorgrafiken (SVG), mathematischer Formeln (mithilfe der Auszeichnungssprache MathML) und nicht zuletzt Scripting-Unterstützung (JavaScript), wodurch sich interaktive E-Books (zumindest dem technischen Standard gemäß) realisieren lassen. Eine Sammlung von (teilweise älteren) Beispielen, die die verschiedenen Features von EPUB 3 ausloten, ist unter https://github.com/idpf/epub3-samples zu finden.

2.1.3 Abgrenzung

E-Books im Sinne des EPUB-Standards weisen Gemeinsamkeiten und Unterschiede zu etablierten Lehr-/Lernmedien auf. Im Vergleich zu gedruckten Büchern zeichnen sie sich in erster Linie durch die potentielle Multimedialität (Integration von unterschiedlichen auditiven und/oder visuellen Inhalten) und mögliche dynamische bzw. interaktive Elemente aus, die etwa in Simulationen, Tests, Lernzielüberprüfungen, kleineren Übungen oder spielerischen Lernobjekten ausgestaltet sein können und neue Umsetzungsmöglichkeiten für die Vermittlung und Veranschaulichung von Inhalten eröffnen. Ein weiterer Unterschied zum traditionellen Buch zeigt sich in der Möglichkeit, E-Books von Studierenden selbst (auch kollaborativ) gestalten oder erstellen zu lassen (beispielsweise als Alternative zu Projekt- oder Seminararbeiten), was mit überschaubarem Aufwand und vorausgesetztem Know-how zu durchaus professionellen Ergebnissen führen kann, die im Vergleich zu einem PDF als weitaus „buchähnlicher" gelten können.

Im Vergleich zu PDF-Dateien hingegen ist es ebenfalls die (erweiterte!) Interaktivität, die moderne E-Books auszeichnet, wenngleich die Möglichkeit, audiovisuelle und rudimentäre interaktive oder dynamische Elemente in PDFs zu integrieren, bereits von Adobe realisiert wurde.[11] PDFs zeichnen

---

9 EPUB 3 bietet als eine der wesentlichen Neuerungen auch die Möglichkeit fixer Layouts an, http://www.idpf.org/epub/30/spec/epub30-changes.html#sec-new-changed, Stand vom 17.5.2016.

10 http://idpf.org/

11 Es handelt sich hierbei um Videos, Hyperlinks, Buttons, Formulare etc., siehe z. B. http://helpx.adobe.com/de/indesign/using/dynamic-pdf-documents.html oder http://www.adobe.com/at/products/acrobat/create-interactive-pdf-files.html, Stand vom 17.5.2016.

< fnm >

sich weiterhin durch ein fixes Seiten- und Inhaltslayout aus, was einerseits zu Darstellungsschwierigkeiten auf kleineren Displays, andererseits aber auch zu erschwerter, jedenfalls nicht trivialer Nachbearbeitung und Problemen bei der Wiederverwendung von Inhalten (Copy & Paste) führt. Die prinzipielle Flexibilität und Offenheit des EPUB-Standards kommt aktuellen Tendenzen hin zu Open Access und Open Educational Resources viel mehr entgegen. (Vgl. Wenk, 2013)

Sind es auf der einen Seite gedruckte Bücher und PDFs, von denen sich E-Books als Lernmedium abgrenzen, so finden sich am anderen Ende des Spektrums Lernplattformen und (Web-)Apps, die zwar ungleich mehr an Interaktivität und Gestaltungsmöglichkeiten bieten, aber wesentlicher buchähnlicher Eigenschaften ermangeln, so etwa einer prinzipiellen Linearität des Aufbaus (im Gegensatz zur Hypertextstruktur einer Lernplattform oder zum Software-Charakter einer App oder Web-App), einer gewissen „Dinghaftigkeit", die sowohl in der einfachen Speicherung und „Downloadbarkeit" als auch in der Reader-bedingten „Haptik" besteht, und der Abgeschlossenheit des Informationspakets oder Lernobjekts, das mit einem E-Book vorliegt. Weiters ist die Erstellung zu bedenken, die bei E-Books (wie auch bei traditionellen Lesemedien) tendenziell eher in einem Autorentool als in einer Programmierumgebung erfolgt.

An diese Betrachtung von E-Book-Spezifika ließen sich weiterführende medientheoretische Fragestellungen anknüpfen, etwa diejenige nach der „Buchhaftigkeit" von E-Books und den Grenzen des Buchmediums; wann hört ein digitales Buch oder E-Book auf, ein Buch zu sein? Ohne dem weiter nachzugehen, ist jedenfalls einmal mehr zu betonen, dass im Vorfeld der Erstellung einer Lehr-Lernressource genau (anhand von didaktischen Zielsetzungen, nutzerseitigen Voraussetzungen, verfügbaren Technologien und Werkzeugen) zu überlegen ist, für welche Gestaltungsoption man sich entscheidet, zumal die unterschiedlichen Formate (aus denen gedrucktes Buch, PDF, E-Book, Lernplattform und Web-App nur einen Ausschnitt darstellen) jeweils spezifische Eigenheiten – gleichermaßen Vorzüge wie Beschränkungen – aufweisen.

2.2. Interaktivität und Multimedialität

Im Fokus der Arbeitsgruppe stehen einerseits moderne E-Book-Technologien und andererseits didaktische Herausforderungen, die sich mit diesen im Buchmedium (meist in Form von Lehrbüchern bzw. „textbooks") meistern lassen.

Mit der Multimedialität ist hier gemeint, dass E-Books nicht nur Text und Abbildungen, also visuelle Reize bieten, sondern erweiterte visuelle und auditive Elemente wie Audio-Sequenzen, eingebettete Videos oder Animationen; dank moderner Eingabemethoden (z. B. Touch-Oberflächen bei einigen Readersystemen) in Kombination mit interaktiven Elementen kann in Bezug auf das E-Book zu Recht auch von einem taktilen Medium gesprochen werden.

Der notorisch mehrdeutige und unscharfe Begriff der Interaktivität hingegen bezeichnet im vorliegenden Zusammenhang die Wechselbeziehung zwischen Lesenden und E-Book: Bestimmte Elemente können Eingaben von jenen erfordern bzw. sich auf derlei Eingaben hin responsiv bzw. dynamisch verhalten. „Interaktiv" bedeutet jedenfalls nicht „kollaborativ", womit eher ein Merkmal des Erstellungs- und Bearbeitungsprozesses bezeichnet ist.

Beispiele für Interaktivität wären etwa eingebettete Diagramme, deren Parameter und Werte durch Zahleneingabe oder Schieberegler geändert werden können, oder Fragen und Übungen, die in den gewohnten Formen (Single und Multiple Choice, Drag & Drop, Eingabefelder, aber auch Memory-Kärtchen, Kreuzworträtsel etc.) gestaltet sein und unmittelbare Rückmeldungen liefern können; komplexere Ausgestaltungen interaktiver Bücher (z. B. die Realisierung von Lese- und Lernpfaden, die von den Ergebnissen bei Zwischenfragen oder Aufgaben abhängen, oder komplette Tests, die sich über mehrere Kapitel hinweg erstrecken und am Ende eine Auswertung bieten) sind denkbar und prinzipiell möglich, scheitern derzeit jedoch an der mangelnden Unterstützung durch die Reader.[12]

Für die Realisierung interaktiver Elemente kann auf JavaScript und populäre JavaScript-Bibliotheken für zeitgemäßes Webdesign wie beispielsweise jQuery[13] zurückgegriffen werden; hierfür sind jedoch fortgeschrittene Kenntnisse in der Webentwicklung unabdingbar. Eine alternative Herangehensweise wird in einer EPUB-Arbeitsgruppe des IDPF erörtert: Interaktive Elemente sollen – ähnlich einem Baukastensystem – als „Widgets" ins E-Book eingebettet werden können.[14] In jedem Fall empfiehlt es sich angesichts der Vielfalt an Readern, die Unterstützung interaktiver Elemente mittels vorangehender *feature detection* zu prüfen.

Generell ist festzuhalten, dass die Realisierbarkeit interaktiver und multimedialer E-Books weniger von deren Standards (z. B. EPUB) und den darin zum Zug kommenden Technologien abhängt, sondern von den Readern, die jene momentan nur teilweise oder sehr eingeschränkt unterstützen. Zum jetzigen Stand sind technische Beschränkungen bei der Erstellung und Gestaltung von interaktiven E-Books jedenfalls von Anfang an zu bedenken.

---

12 Während einige Reader bereits Skript-Unterstützung für JavaScript anbieten, ist die Nutzung eines Local Storage für die clientseitige (d. h. Reader-seitige) Speicherung von Daten noch Zukunftsmusik, ebenso wie der Zugriff auf serverseitige Ressourcen und Dienste aus dem Reader heraus.

13 http://jquery.com/

14 Siehe http://idpf.org/ongoing und https://github.com/IDPF/scriptable-components/wiki, Stand jeweils vom 17.5.2016.

< fnm >

3. Nutzung von E-Books

3.1. Einleitung

E-Books waren in der Lesekultur vor der Jahrtausendwende eher als Ausnahmeerscheinung zu betrachten – trotz ruhmreicher Bemühungen für erste E-Bibliotheken wie etwa dem seit den 1970er Jahren bestehenden Project Gutenberg. Waren die anfänglichen E-Books in simplen Textformaten oder umständlich als PDF-Dateien auf CDs verfügbar und ein PC (oder allenfalls Laptop) die alleinige Leseumgebung, so gibt es heute eine Reihe spezieller Formate, die für eine vorwiegend mobile und damit „buchähnliche" Lektüre auf portablen Endgeräten konzipiert sind. Die technologischen Fortschritte haben E-Books seither zusammen mit erschwinglichen und nutzerfreundlichen Endgeräten einen kontinuierlich wachsenden Anteil am Buchmarkt beschert. Dieses Segment ist einigermaßen umkämpft, was nicht nur eine Vielfalt an Formaten[15], Readern (sowohl Reader-Hard- als auch Software) und E-Bibliotheken mit sich bringt, sondern auch konkurrenzbedingte Einschränkungen: So unterstützt etwa die populäre Kindle-Reader-Palette den EPUB-Standard nicht, wodurch man sich (falls man EPUB-basierte E-Books am Kindle lesen will) mit Konvertierungswerkzeugen wie etwa Calibre (s. u.) behelfen muss. Zudem sind kommerziell vertriebene E-Books meist mit Kopierschutz bzw. Maßnahmen für *Digital Rights Management* (DRM) ausgestattet, wofür es mehrere unterschiedliche (und nicht universell unterstützte) Lösungen gibt. Darüber hinaus ist zu erwähnen, dass sich mit (für die Nutzer/innen bequemen) internetfähigen Readern auch den Herstellern bzw. Vertreibern von E-Books neue Möglichkeiten eröffnen – etwa der Verleih von E-Books, die Erfassung von Daten und Lesegewohnheiten, Vorschläge für weitere Käufe, Lektüre-Flatrates etc. –, die nicht alle im Sinne einer kritischen und aufgeklärten E-Leserschaft sein dürften.

Im Folgenden werden unterschiedliche Reader-Systeme vorgestellt.

3.2. Reader-Hardware

Der oben eingeführte Begriff „Reader" (teilweise auch: „E-Book-Reader" oder „E-Reader") umfasst neben den verschiedenen Ausgestaltungen von Lese-Software (Desktop-Programmen, Browsererweiterungen, Web-Readern, mobilen Apps) auch Lese-Hardware, die – wenn man Texteditoren und PDF-Betrachter vernachlässigt – die ersten Lesemöglichkeiten für „richtige" E-Books geboten haben.

Die aktuelle Hardware nutzt unterschiedliche Technologien für Displays („elektronisches Papier"), die sich im Gegensatz zu LCD- bzw. TFT-Displays (in Smartphones und Tablets bzw. Monitoren) durch einen geringen Stromverbrauch und bessere Lesbarkeit (bezogen auf längere Lektürephasen)

---

15 Siehe z. B. http://en.wikipedia.org/wiki/Comparison_of_e-book_formats.

< fnm >

auszeichnen. Über die aktuell verfügbaren Modelle kann man sich beispielsweise bei Preisvergleichsportalen wie Geizhals[16] einen Überblick verschaffen.

Abb. 1: Ein populärer Hardware-Reader
Quelle: https://pixabay.com/de/kindle-papierwei%C3%9F-buch-ger%C3%A4t-785684/

3.3. Reader-Software für den Desktop

3.3.1. Adobe Digital Editions

Das schlichte Programm der Firma Adobe, deren Desktop-Publishing-Lösung InDesign den Export von EPUB-Dateien schon relativ früh ermöglichte, dient der Lektüre von E-Books und der Verwaltung der eigenen E-Bibliothek am Desktop. Insbesondere können damit E-Books, die mit der Adobe-eigenen Lösung für Digitale Rechteverwaltung (DRM) namens „ADEPT" geschützt sind und eine registrierte Adobe-ID erfordern, problemlos gelesen werden.

---

16 https://geizhals.at/?cat=pdapceb

< fnm >

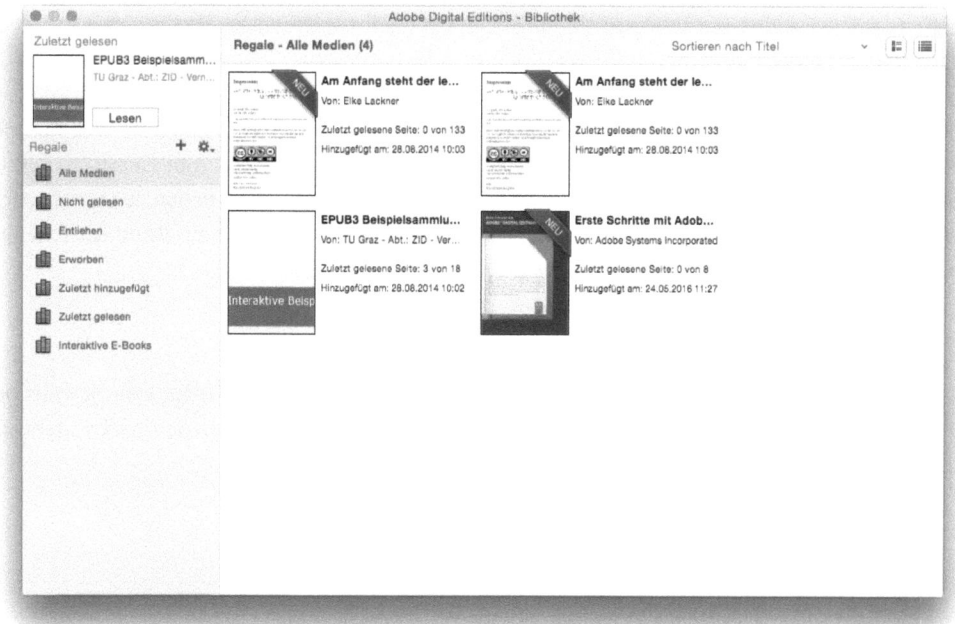

Abb. 2: Ein individuelles „Regal" in Adobe Digital Editions (Version 4.5.1.129278) unter OS X

- Adobe-Produktwebseite:
  http://www.adobe.com/at/solutions/ebook/digital-editions/download.html

Adobe Digital Editions ist für Windows und Mac OS (und auch für iOS) verfügbar.

3.3.2. Calibre

Calibre wird unten (Kap. 4.1.2) ausführlicher behandelt, da der integrierte Reader nur einen geringen Teil des Funktionsumfangs der Software ausmacht.

- http://calibre-ebook.com

3.3.3. Weitere Anwendungen

Neben diesen beiden Beispielen sind auch Desktop-Reader von anderen Herstellern verfügbar, etwa die Kobo App (https://de.kobo.com/desktop), Amazons Kindle für den Desktop (s. u., Kap. 3.5.3), der FB Reader (https://fbreader.org) oder der Icecream Ebook Reader (http://icecreamapps.com/de/Ebook-Reader/).

< fnm >

3.4.   Erweiterungen für Webbrowser

Für die E-Book-Lektüre am Desktop-Rechner können auch verschiedene Webbrowser mit geeigneten Erweiterungen (auch „Extensions", „Apps" oder „Add-ons" genannt) aufgerüstet werden. (Ob sich der Webbrowser als Leseumgebung bewährt, bleibt der eigenen Einschätzung überlassen.) Praktischerweise – und wenn entsprechend konfiguriert – öffnen sich dann aus dem Web heruntergeladene E-Books gleich direkt im Webbrowser. Die Erweiterungen sind vom Einsatzzweck und Funktionsumfang her aber nicht mit eigenständigen Readern vergleichbar; neben der meist sehr reduzierten Aufmachung fehlt z. B. die Möglichkeit zur Annotation (die aber aufgrund der fehlenden Synchronisation ohnehin nur sehr eingeschränkt Sinn machen würde).

3.4.1. EPUBReader für Firefox

Da der bekannte Firefox-Browser[17] für alle gängigen Plattformen erhältlich ist, steht jeweils auch die Erweiterung EPUBReader zur Verfügung – außer für mobile Versionen von Firefox, dafür gibt es hier jedoch eine Android-App[18].

- ■   http://www.epubread.com/de/

---

17 https://www.mozilla.org/de/firefox/new/
18 https://play.google.com/store/apps/details?id=com.epubread.epubreader

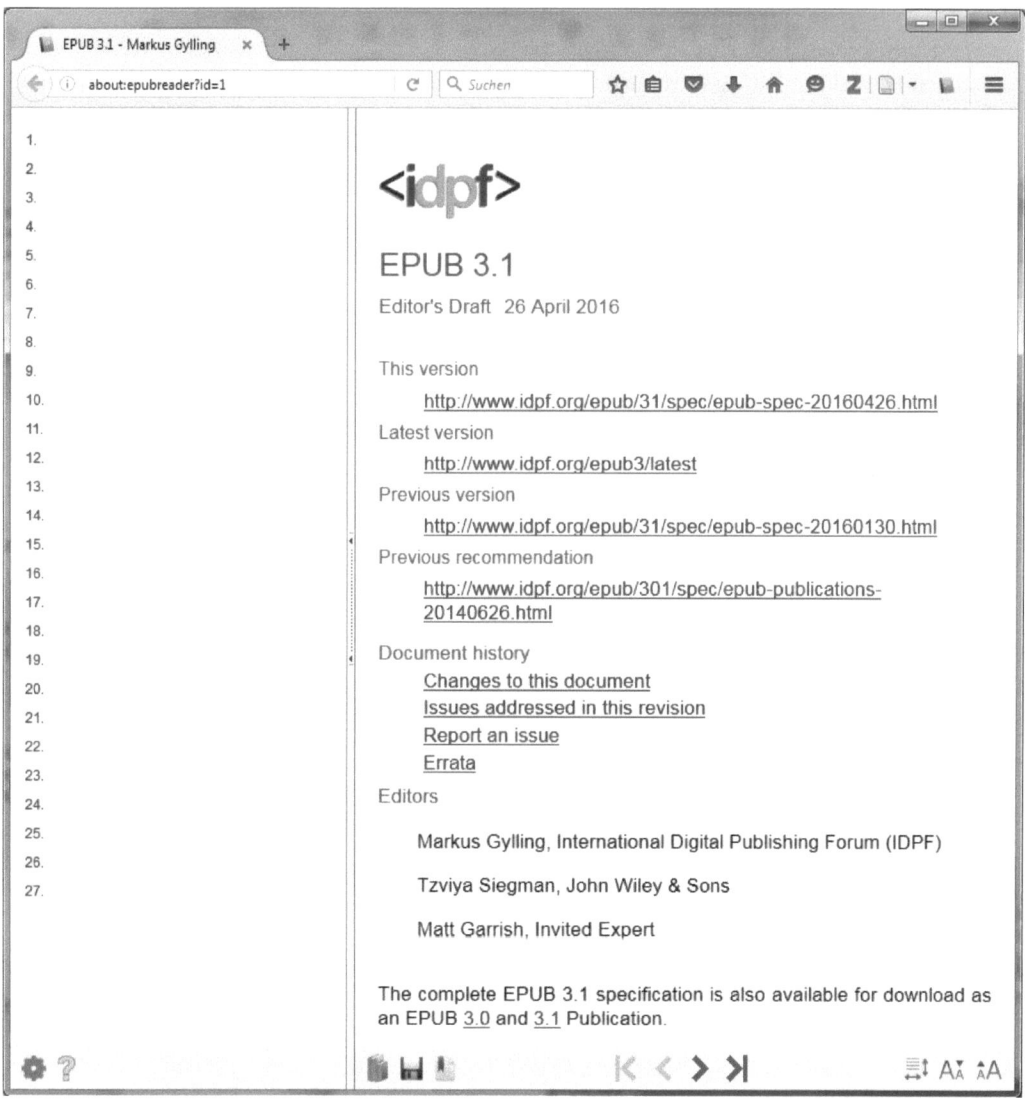

Abb. 3: Die EPUB-3.1-Spezifikation (Entwurf), gelesen mit dem EPUBReader für Firefox (Version 1.5.0.8, unter Windows 7)

< fnm >

3.4.2. Readium für Chrome

Das Readium-Projekt, das eine Reihe von Open-Source-Entwicklungen umfasst, wurde vom International Digital Publishing Forum (IDPF) angestoßen und wird von der Readium Foundation[19] betrieben. Neben einem Cloud-Reader (s. u., Kap. 3.5.4) wird derzeit noch eine Erweiterung für den Google-Browser Chrome[20] angeboten, die die Zielsetzung eines „robust, performant, spec-compliant EPUB reading system"[21] verfolgt; Readium für Chrome ist somit weniger als Alltagswerkzeug einer breiten E-Book-Leserschaft intendiert, sondern vielmehr als Referenzsystem bzw. als Werkzeug zum Entwickeln und Testen von EPUB-3-Büchern.

■ http://readium.org

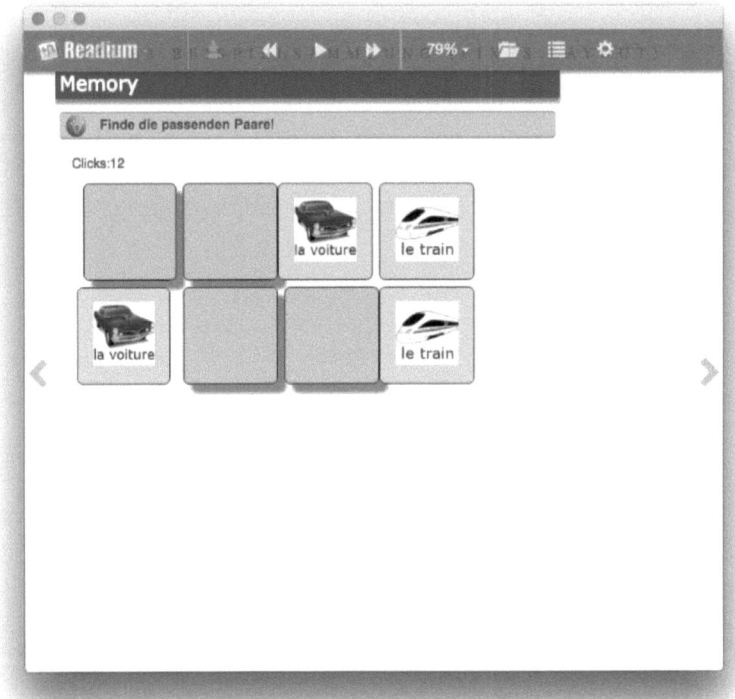

Abb. 4: Interaktives Sprachlehrbuch mit Memory-Übung in Readium für Chrome (Version 2.22.3, unter Mac OS X)

---

19 readium.org/membership
20 https://www.google.at/intl/de/chrome/
21 http://readium.org/about/project-goals, Stand vom 24.5.2016.

< fnm >

3.5. Web-Reader

Eine interessante Alternative zu installierbaren Readern stellen sogenannte Web- oder Cloud-Reader dar, die nicht zuletzt aufgrund der Möglichkeiten von HTML5 realisierbar wurden. Im Unterschied zu Ersteren liegen sowohl die Lesesoftware als auch die eigene E-Book-Bibliothek auf dem Server des Anbieters, was sowohl Vor- als auch Nachteile mit sich bringt.

Vorteile:
- Die E-Book-Bibliothek ist prinzipiell von jedem (modernen) Webbrowser aus erreichbar, die Wahl der Hard- und Software ist beliebig.
- Annotationen, Lesezeichen etc. sind gewissermaßen „immer synchronisiert", da sie nur an einem Ort gespeichert und bearbeitet werden.

Nachteile:
- Eine Internetverbindung ist erforderlich (zumindest zeitweise – einige Web-Reader ermöglichen auch die Offline-Lektüre).
- Die E-Book-Bibliothek befindet sich außerhalb des persönlichen Zugriffs.

3.5.1. MagicScroll

MagicScroll ist äußerst minimalistisch gestaltet – man muss sich nicht einmal registrieren, um den Dienst nutzen zu können (gratis, aber mit Werbeeinblendungen). Hochgeladene Bücher können per URL geteilt und – nachdem man sich mithilfe einer E-Mail-Adresse registriert hat – in der eigenen Bibliothek gespeichert werden.

- http://www.magicscroll.net

3.5.2. OverDrive Read

OverDrive Read ist die Web-Reader-Lösung des kommerziellen E-Book-Vertriebs/-Verleihers OverDrive (https://www.overdrive.com/). Auf dem 2012 übernommenen (und mittlerweile eingestellten) Webdienst Booki.sh basierend, bietet OverDrive Read eine attraktive Leseumgebung im Web; eine paar Demo-E-Books kann man lesen, ohne sich registrieren zu müssen.

- http://readinfo.overdrive.com/

< fnm >

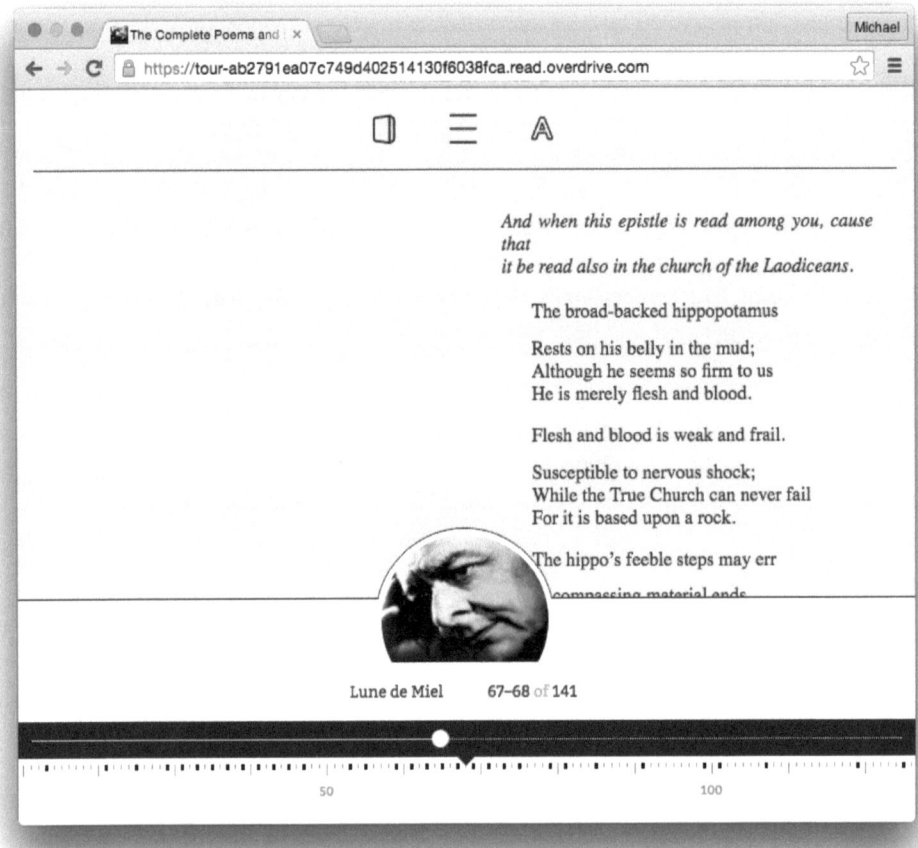

Abb. 5: Lektüre klassischer Lyrik (Demo-E-Book) in OverDrive Read (Chrome unter Mac OS X)

3.5.3. Kindle: Cloud Reader (und Lese-Apps)

Neben den Hardware-Readern komplettieren mobile Apps, Desktop-Programme und eine eigene Web-App die Kindle-Palette: Der „Kindle Cloud Reader" ist Amazons Webdienst für die Lektüre und den Erwerb von Büchern aus der Amazon-Bibliothek und bietet damit eine Browser-basierte Alternative zu den populären Kindle-Lesegeräten. Zusätzlich bietet Amazon auch für viele mobile und PC-Betriebssysteme eine Lese-App („Kindle") zum Download an. Neben der eigenen Bibliothek sind – sofern synchronisiert – praktischerweise alle Markierungen, Notizen und Lesezeichen auf den genutzten Plattformen und Geräten verfügbar. Zudem bietet Kindle auch einer Lese-Com-

munity[22] Platz, der zusätzlich zur Profilverwaltung und Vernetzung auch öffentliche Notizen und Markierungen von Buchstellen ermöglicht werden. Neben möglichen Bedenken im Hinblick auf die Lese-Privatsphäre liegt der größte Nachteil der Kindle-Reader darin, dass zugunsten des hauseigenen AZW-/KF8-Formats keine EPUB-Dateien gelesen werden können.

- Kindle Cloud Reader: https://read.amazon.com (Amazon-Konto erforderlich)
- Lese-Apps (iOS, Android, Windows 8) und -Programme (Windows, Mac OS) von Amazon zum Download: https://www.amazon.com/gp/digital/fiona/kcp-landing-page/ref=klp_mn

3.5.4. Readium CloudReader

Neben der Chrome-Erweiterung bietet die Readium Foundation noch einen gleichnamigen Cloud-Reader mit einem vergleichbaren Funktionsumfang an. Als Alltags-Leseumgebung ist dieser Referenz-Web-Reader jedoch nicht zu empfehlen, da z. B. keine nicht-lokale E-Book-Bibliothek verwaltet werden kann.

- http://readium.github.io/readium-js-viewer/

3.6. Apps (mobile Betriebssysteme)

Anstatt einen speziellen Hardware-Reader zu kaufen, können Bücher auch auf Smartphones und Tablets gelesen werden. Für die großen mobilen Plattformen (Apples iOS, besonders aber für Googles Android) gibt es eine Vielzahl von Apps, die zu diesem Zweck installiert werden können und einen unterschiedlichen Leistungsumfang bieten. Vor der Entscheidung für eine spezielle App sollte man sich überlegen, welche Funktionen diese unterstützen soll (z. B. Unterstützung spezieller Formate und Technologien; Plattform-, Geräte- und Firmenunabhängigkeit; Synchronisierung von Markierungen, Notizen und Lesezeichen; angebundene Bücher-Stores etc.).

3.6.1. iBooks (iOS / OS X)

„iBooks" ist die Standard-App von Apple für die mobile Lektüre von E-Books; sie ist sowohl für iOS (iPad/iPhone) kostenlos verfügbar, als auch auf Mac-Rechnern (ab OS X Mavericks) bereits vorinstalliert, somit aber auf Apple-Geräte beschränkt. In iBooks ist auch ein eigener, von Apple betriebener „iBooks Store" für den Bezug von Büchern integriert. Im Gegensatz zu Amazons Kindle-App können mit iBooks auch Bücher im EPUB-Format gelesen werden – und selbstverständlich auch interaktive Bücher im Apple-eigenen iBooks-Format, die mit iBooks Author (s. u.) erstellt wurden. Neben der hervorragenden Usability der App zeichnet sich diese nach wie vor durch die gute Unterstützung von technischen EPUB-3-Spezialitäten (eingebettete Videos, Scripting für interaktive Übungen u. dgl.) aus.

---

22 https://kindle.amazon.com/

< fnm >

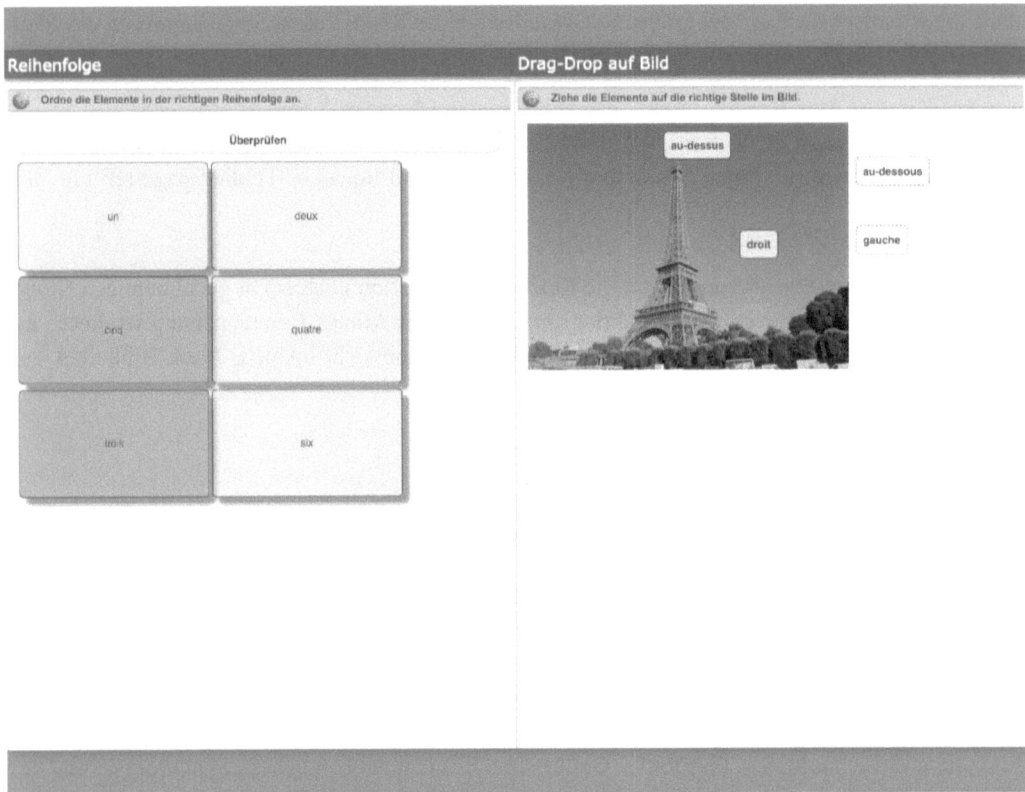

Abb. 6: Interaktive Übungen in Christian Gailers Demo-E-Book (s. u.) –
gelesen/geübt wird hier in iBooks am iPad.

- iBooks im App Store: https://itunes.apple.com/at/app/ibooks/id364709193?mt=8
- Herstellerseite: http://www.apple.com/at/ibooks/

3.6.2. Aldiko, Moon+ Reader und Himawari Reader (Android)

Für Googles mobiles Betriebssystem Android bietet der „Play Store"[23] eine Vielzahl von Apps zur Lektüre von E-Books an, die unterschiedliche Stärken und Schwächen aufweisen und meist in einer Gratis- und einer kostenpflichtigen Version verfügbar sind. Als klassische Reader sind wohl „Aldiko"[24] und der „Moon+ Reader"[25] zu nennen, die allerdings (momentan noch) keine eingebet-

---

23 https://play.google.com/store?hl=de

24 https://play.google.com/store/apps/details?id=com.aldiko.android&hl=de

25 https://play.google.com/store/apps/details?id=com.flyersoft.moonreader&hl=de

teten Videos und Skripte unterstützen – ganz im Gegensatz zum etwas exotischeren „Himawari Reader"[26], der als Reader-Empfehlung für interaktive EPUB-Projekte auf Android gelten kann.

3.6.3. Reader für Windows Mobile

Microsofts mobile Windows-Varianten (aktuell: Windows 10 Mobile) nehmen nach wie vor einen überaus geringen Marktanteil ein, im App-Store finden sich mittlerweile jedoch einige E-Book-Reader, die teilweise auch den EPUB-Standard unterstützen.

- https://www.microsoft.com/de-at/store/apps

3.6.4. Google Play Books

Auf der digitalen Vertriebsplattform „Google Play" können neben Musik, Filmen, Spielen und An-droid-Apps auch E-Books bezogen werden. Zusätzlich zur Auswahl an (kommerziellen) Büchern können dort auch eigene PDF- und EPUB-Dateien hochgeladen werden. Die zugehörige Reader-App („Google Play Books") ist sowohl für den Chrome-Browser als auch für iOS und Android verfügbar; sie kann aber auch im Web-Browser unter https://play.google.com/books verwendet werden.

- Google Play Books für iOS:
  https://itunes.apple.com/at/app/google-play-books/id400989007?mt=8
- Google Play Books für Android:
  https://play.google.com/store/apps/details?id=com.google.android.apps.books&hl=de
- Chrome App: https://chrome.google.com/webstore/detail/google-play-books/mmimn-goggfoobjdlefbcabngfnmieonb

---

26 https://play.google.com/store/apps/details?id=jp.green_fld.himawari

< fnm >

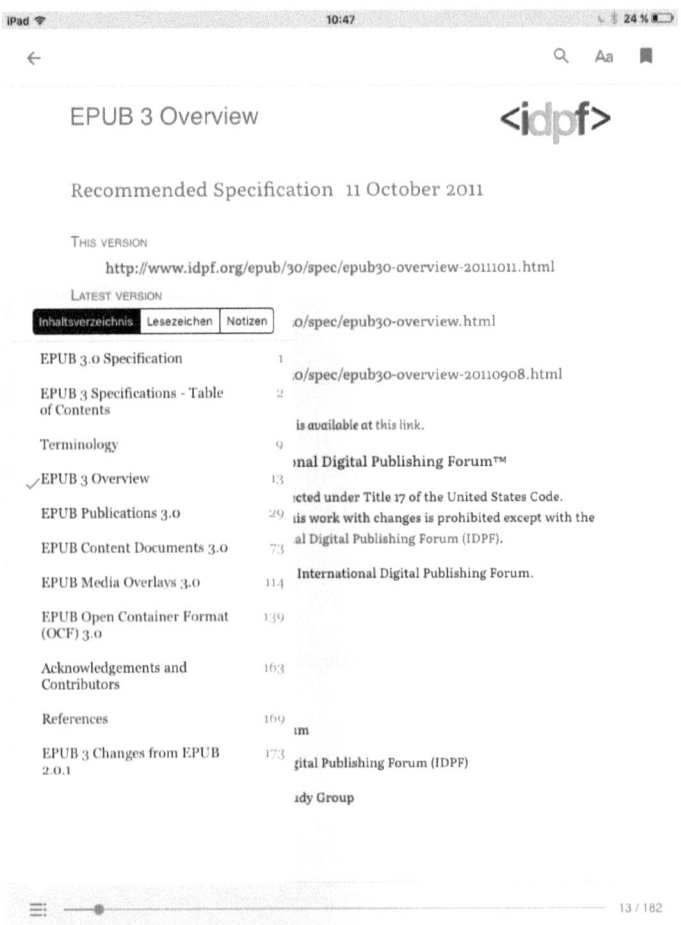

Abb. 7: Lektüre des EPUB-3-Standards in Google Play Books (Version 2.8.1, unter iOS)

3.7. Quellen für E-Books

Für den Bezug von E-Books gibt es unterschiedliche Quellen: so etwa das bereits genannte Project Gutenberg[27], eine umfangreiche Sammlung gemeinfreier (nicht mehr urheberrechtlich geschützter) Werke, die in unterschiedlichen Formaten kostenlos zum Download angeboten werden; eine Registrierung ist nicht erforderlich. Anders hingegen bei den kommerziellen Buchshops diverser Anbieter: Hier ist neben der Registrierung meist auch eine Kreditkarte erforderlich, wenngleich teilweise

---

27 http://www.gutenberg.org

Klassiker und Leseproben kostenlos angeboten werden. Beispiele für derlei E-Büchereien sind – um nur eine aktuelle Auswahl zu nennen – der Amazon Kindle-Shop[28], Apples iBooks Store[29], Google Play[30], das Angebot von Kobo[31], Thalia[32] oder eBook.de[33].

Als wissenschaftliche E-Bibliotheken (die allerdings meist nur PDF-Dokumente anbieten) sind zu nennen die OAPEN Library der hauptsächlich in den Niederlanden beheimateten OAPEN Foundation[34] (Open Access Publishing in European Networks), das OpenEdition-Portal für Geistes- und Sozialwissenschaften[35], die E-Book-Library des österreichischen Fonds zur Förderung der wissenschaftlichen Forschung (FWF)[36], der seine geförderten Projekte zur Open-Access-Publikation verpflichtet, sowie lokale Universitäts-E-Bibliotheken wie etwa der Open-Access-Publikationsserver der Universität Graz, uni≡pub[37].

---

28 http://www.amazon.de/kindleshop
29 https://itunes.apple.com/WebObjects/MZStore.woa/wa/viewGenre?id=38&mt=11&ls=1
30 https://play.google.com/store/books?hl=de
31 https://store.kobobooks.com/
32 http://www.thalia.de/ebooks
33 http://www.ebook.de/de/
34 http://www.oapen.org
35 http://www.openedition.org
36 https://e-book.fwf.ac.at
37 http://unipub.uni-graz.at

< fnm >

< f n m >

4. Das Erstellen von E-Books

Für die Erstellung von E-Books sieht man sich derzeit mit einer Reihe von Programmen konfrontiert, die ganz unterschiedliche Möglichkeiten bieten und Anforderungen stellen. Die Palette reicht von Apps, mit denen man schnell ein E-Book basteln kann, bis hin zu professionellen Editoren, die zwar Erfahrung mit dem Arbeiten am Quelltext erfordern, aber auch viel mehr Gestaltungsmöglichkeiten eröffnen. Eine schnelle Empfehlung für ein konkretes Werkzeug scheint somit wenig zielführend; vielmehr sollte anhand von für das konkrete Vorhaben relevanten (also individuell gewichteten) Kriterien gewählt werden, wie etwa

- verfügbare Hard- und Software bzw. verfügbares Budget
- technische Kenntnisse und Erfahrung der Erstellenden
- zeitlicher Aufwand
- Umfang und Professionalität des Produkts
- spezielle Erfordernisse (z. B. Kollaborationsmöglichkeit, Interaktivität der E-Books, oftmalige Aktualisierung, Versionierung)

Die nachfolgend vorgestellten Werkzeuge verstehen sich als Auswahl (Stand: Mai 2016) und erheben keinen Anspruch auf Vollständigkeit; beigestellte Kommentare sind Ergebnis persönlicher Tests und Recherchen.

Demonstrationen, Anleitungen und die Dokumentation zu den Werkzeugen finden sich zumeist auf den Herstellerseiten, auch die Bemühung einer (Video-)Suchmaschine führt meist zu brauchbaren Tutorials und zum gewünschten Lerneffekt. Zudem wurden im Technikworkshop der Arbeitsgruppe im April 2014 (Video-Mitschnitte unter http://akadsrv.uni-graz.at/ieb/?p=292 bzw. http://akadsrv.uni-graz.at/ieb/?p=310) einige Werkzeuge näher vorgestellt.

4.1. E-Book-Apps und -Programme

4.1.1. Creative Book Builder und Book Creator

Als Beispiel für eine App zur E-Book-Erstellung sei hier „Creative Book Builder" vorgestellt, die wir unter iOS getestet haben. Die Software ermöglicht die Erstellung von E-Books von mobilen Geräten aus und ist inzwischen sowohl auf Apples iOS als auch auf Android erhältlich. Geboten wird eine (für mobile Anwendungen erstaunlich) große Anzahl an Gestaltungsmöglichkeiten – so können etwa neben Text (wahlweise auch in Markdown oder HTML) diverse Gestaltungselemente (Tabellen, Charts, Listen, Gleichungen etc.), Medientypen (Bilder, Slideshows, Audio, Video, Screen-Aufzeichnungen) und interaktive Elemente (Fragen, Quiz) in Form von Widgets eingebaut werden. Das E-Book wird zuerst strukturiert und dann aus den verschiedenen Elementen zusammengesetzt. Die fertigen Produkte können als EPUB (Standard), HTML5, PDF, Audio oder Video/ Podcast exportiert werden. Für textlastige Projekte ist eine externe Tastatur zur Texteingabe sehr zu empfehlen.

- Creative Book Builder auf iOS (€ 3,99):
  https://itunes.apple.com/at/app/creative-book-builder/id451041428?mt=8
- Creative Book Builder auf Android (€ 2,91):
  https://play.google.com/store/apps/details?id=com.tigernghk.android.cbb&hl=de

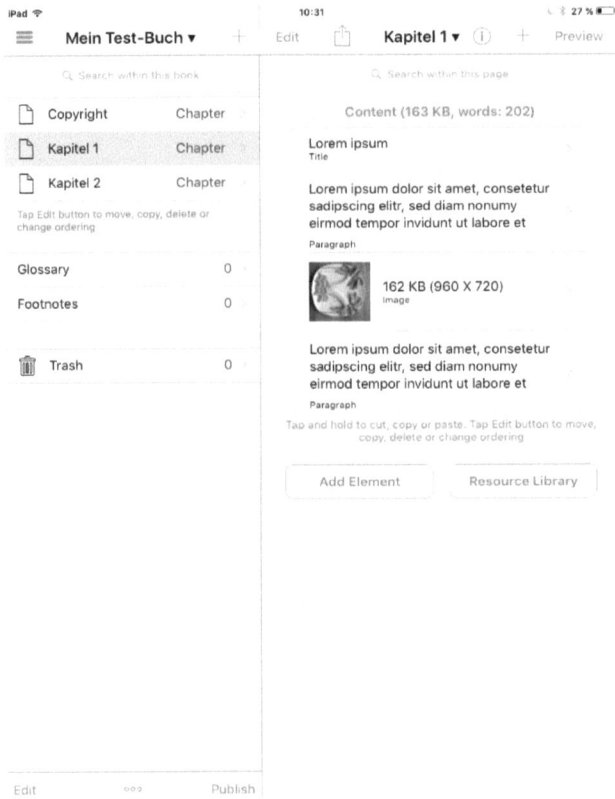

Abb. 8: Zusammenstellung eines E-Books mit dem Creative Book Builder
(Version 3.4.2, unter iOS)

Eine kostenlose Alternative zum Creative Book Builder auf iOS und Android stellt die Gratis-Version von „Book Creator" dar (die kostenpflichtige Version kostet € 4,99 bzw. € 2,50).

- iOS: https://itunes.apple.com/at/app/gratis-book-creator/id661166101?mt=8
- Android:
  https://play.google.com/store/apps/details?id=net.redjumper.bookcreatorfree&hl=de

4.1.2. Calibre

Calibre wird vom Hersteller nicht zu Unrecht als „one stop solution to your e-book needs"[38] angepriesen; verschiedentlich ist auch vom „Schweizer Taschenmesser für E-Books" die Rede. Calibre ist für die drei großen Desktop-Betriebssysteme (Windows, OS X und Linux) erhältlich und sehr gut dokumentiert[39]. Calibre deckt folgende Bereiche des Arbeitens mit E-Books ab:[40]

- Bibliotheksverwaltung: Die eigene E-Book-Sammlung kann direkt am Desktop verwaltet, geordnet und durchsucht werden; Metadaten zu einzelnen Büchern können dabei manuell eingepflegt oder aus dem Internet bezogen werden. Ebenso können (teilweise kostenpflichtige und DRM-geschützte) E-Books aus einer Reihe von Katalogen bezogen werden.
- E-Book-Konvertierung: Bücher und Texte verschiedener Formate können in andere gängige E-Book-Formate umgewandelt werden.
- E-Reader-Synchronisierung: Die lokale E-Book-Bibliothek kann auf mobile Lesegeräte übertragen werden.
- Neuigkeiten aus dem Web können in E-Book-Formaten zusammengestellt werden.
- Calibre kann auch als Leseumgebung für E-Books am Desktop-Rechner dienen („E-Book-Viewer").
- In Calibre kann man zudem einen eingebauten Server starten, der den Zugriff auf die eigene Bibliothek von beliebigen Rechnern (über einen Webbrowser) ermöglicht.
- E-Book-Bearbeitung: E-Books in den Formaten EPUB und AZW3 können direkt in Calibre bearbeitet oder erstellt werden, zudem gibt es eine Vergleichsansicht für Änderungen.

Calibre ist kostenfrei verfügbar (ein Spende-Button findet sich auf der Webseite), der Quellcode ist Open Source.

- Webseite des Herstellers (Kovid Goyal): http://calibre-ebook.com

---

38 http://calibre-ebook.com, Stand vom 25.5.2016.

39 Videoanleitungen unter http://calibre-ebook.com/demo, Benutzerhandbuch unter http://manual.calibre-ebook.com; zusätzlich finden sich ein Forum unter http://www.mobileread.com/forums/forumdisplay.php?f=166 und viele Videotutorials im Netz.

40 vgl. http://calibre-ebook.com/about

< fnm >

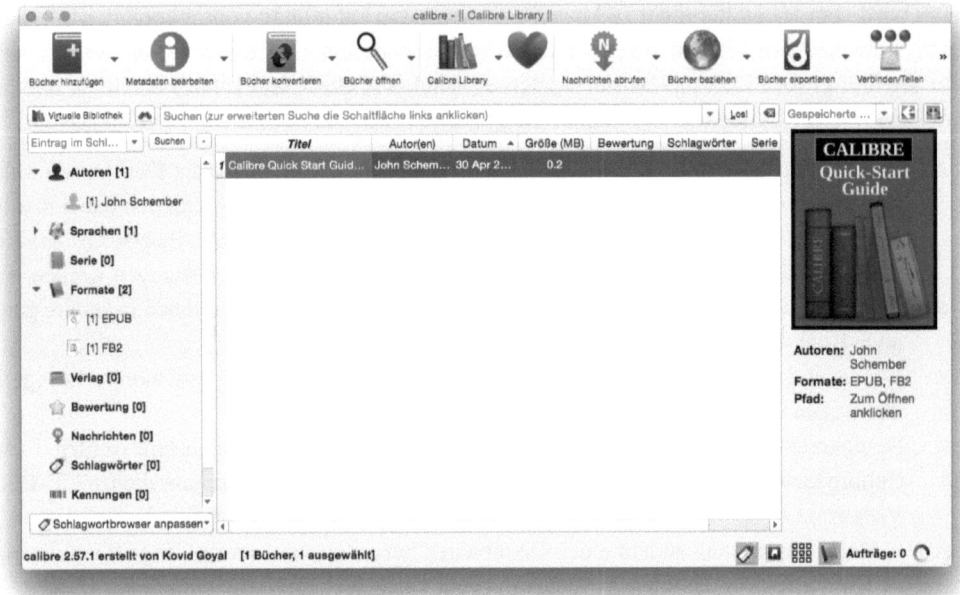

Abb. 9: Calibre-Bibliotheksansicht (Version 2.57.1, unter Mac OS X)

4.2. Export aus Schreibprogrammen und Lernplattformen

Derzeit ist es meist (noch) nicht ohne weiteres möglich, Texte aus gewohnten Textverarbeitungs-umgebungen (z. B. Microsoft Word) in einem E-Book-Format zu speichern oder in ein solches zu exportieren. Hier schaffen in einigen Fällen Erweiterungen (Plugins oder Extensions) Abhilfe. Einige Textverarbeitungs- oder Desktop-Publishing-Programme bieten diese Möglichkeit bereits von sich aus an, wobei in allen Fällen jedoch zu bedenken ist, dass diese Programme nicht primär als E-Book-Editoren intendiert sind; d. h., Gestaltung und Produktionsabläufe orientieren sich an herkömmlichen Printmedien (meist paginierte Druckpublikationen in fixen Formaten wie etwa A4), nicht an den spezifischen Ausformungen moderner E-Book-Formate; Textfluss, Metadatengestal-tung, Einbindung von Videos und interaktiven Elementen etc. sind deshalb meist nicht für die Be-sonderheiten in der E-Book-Erstellung optimiert. Weiters ist zu bedenken, dass die Produkte nach dem Export nicht mehr in der ursprünglichen Anwendung geöffnet werden können; hierzu ist ein spezieller E-Book-Editor (s. u., Kap. 4.3) erforderlich.

4.2.1. Open/Libre Office

Das Textverarbeitungsprogramm („Writer") der freien Office-Pakete Apache OpenOffice[41] und LibreOffice[42] kann nicht von Haus aus in E-Book-Formate exportieren, was jedoch mit zwei kleinen Erweiterungen möglich ist. Zur Auswahl stehen einerseits „Writer2ePUB"[43] und „eLAIX"[44], das neben EPUB 3 auch Lerneinheiten für das Open-Source-Lernmanagementsystem ILIAS[45] erstellen kann.

4.2.2. Adobe InDesign CS 5+

Adobe InDesign, eine der führenden Lösungen für Desktop Publishing, erlaubt seit der Version CS 5 den Export von E-Books im EPUB-Format, der seither laufend verbessert und um verschiedene Funktionen erweitert wurde. Aufgrund der speziellen Anforderungen von E-Book-Projekten im Gegensatz zu Drucklayouts müssen jedoch ein paar Anpassungen vorgenommen werden (z. B. alle Grafiken verankern und die Reihenfolge von Inhalten festlegen). InDesign eignet sich insbesondere für Buchprojekte, die neben der E-Book-Version auch eine (professionelle) gedruckte Variante umfassen sollen – der zusätzliche Aufwand für EPUB-Export mitsamt Feineinstellungen und die ggf. nötige Nachbearbeitung sind überschaubar.

---

41 https://www.openoffice.org/product/writer.html
42 https://de.libreoffice.org/discover/writer/
43 http://writer2epub.it/en/
44 http://elaix.org
45 http://www.ilias.de

< fnm >

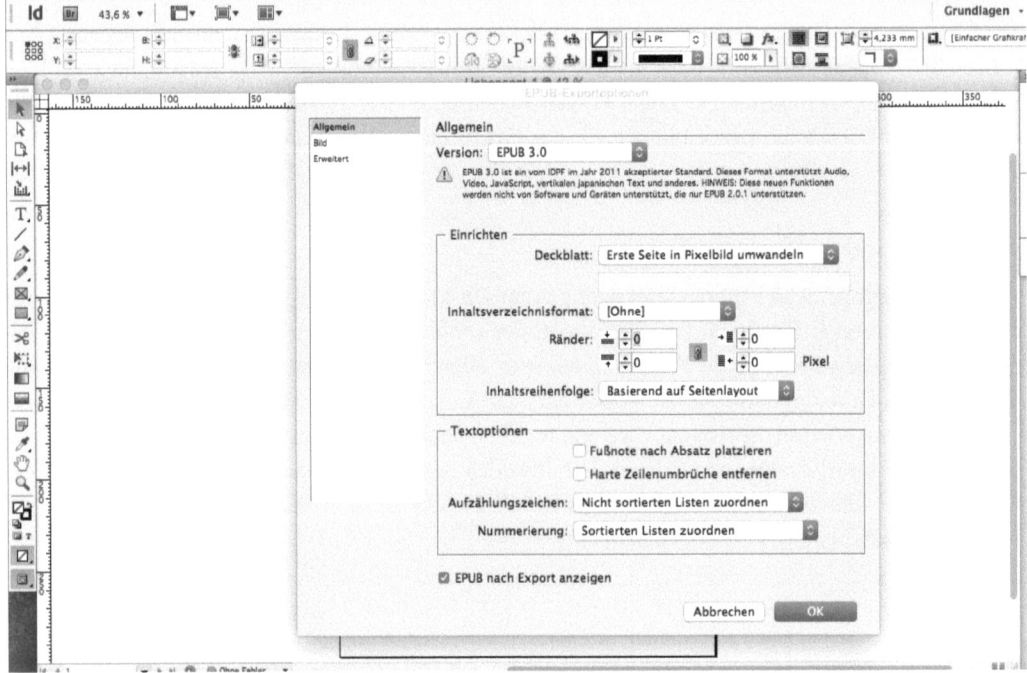

Abb. 10: EPUB-Exportoptionen in InDesign CS 6 (unter Mac OS X)

■ Webseite des Herstellers: http://www.adobe.com/at/products/indesign.html

4.2.3. Scrivener

Scrivener ist nicht nur ein Textverarbeitungswerkzeug, sondern ein komplettes „Schreibstudio" oder „Schreibprojekt-Managementwerkzeug", mit dessen Hilfe sich auch die Materialsammlung, Konzeption und Strukturierung verschiedenster Textsorten bewerkstelligen lässt – der kreative Prozess wird somit von Anfang an begleitet. Unter den verschiedenen Exportformaten für fertige Texte (u. a. Microsoft Word, PDF oder HTML) gibt es auch eine Exportmöglichkeit in die Formate EPUB oder MOBI.

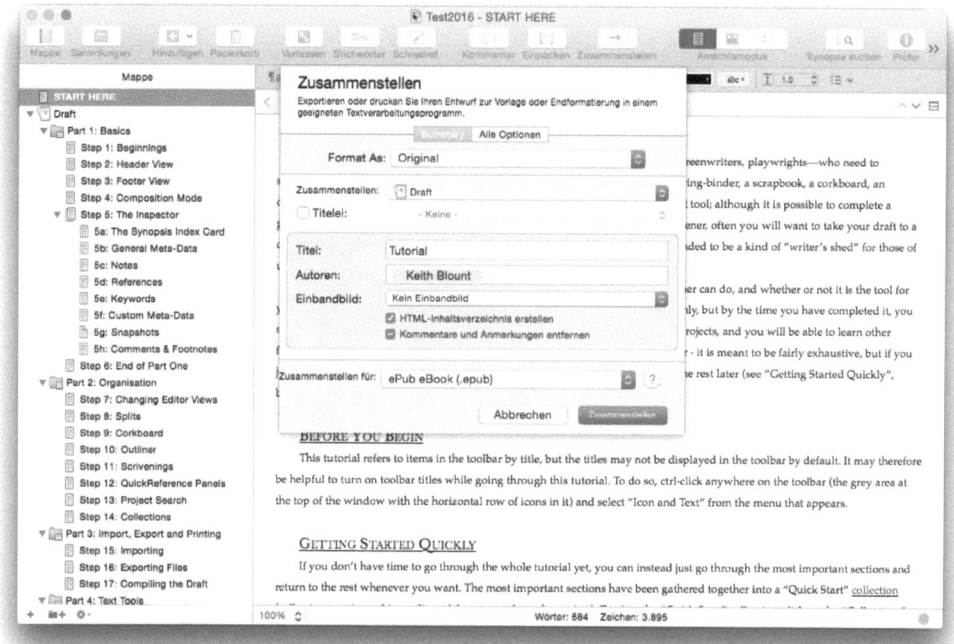

*Abb. 11: EPUB-Export („Zusammenstellen") eines Scrivener-Projekts
(Version 2.7, unter Mac OS X)*

Scrivener ist für Windows und Mac OS X erhältlich und kostet derzeit mindestens € 34,51 (die Preise richten sich je nach Betriebssystem und Lizenztyp; es werden auch spezielle Lizenzen für Angehörige von Bildungseinrichtungen angeboten). Scrivener kann 30 Tage lang kostenlos in vollem Umfang getestet werden.

- Webseite des Herstellers (Literature & Latte Ltd., England):
  http://literatureandlatte.com/scrivener.php

4.2.4. Pages für Mac

Die Standard-Textverarbeitungslösung von Apple für Mac- und iOS-Geräte kann (im Gegensatz zu Microsoft Word) auch E-Books generieren (und bietet auch eine eigene Vorlage an). Texte können ohne weitere Tools und mit ein paar Klicks ins EPUB-Format exportiert werden. Pages ist auf neueren Mac-Rechnern vorinstalliert bzw. für diese gratis verfügbar.

- Webseite der „Creativity Apps" von Apple: https://www.apple.com/at/creativity-apps/mac/

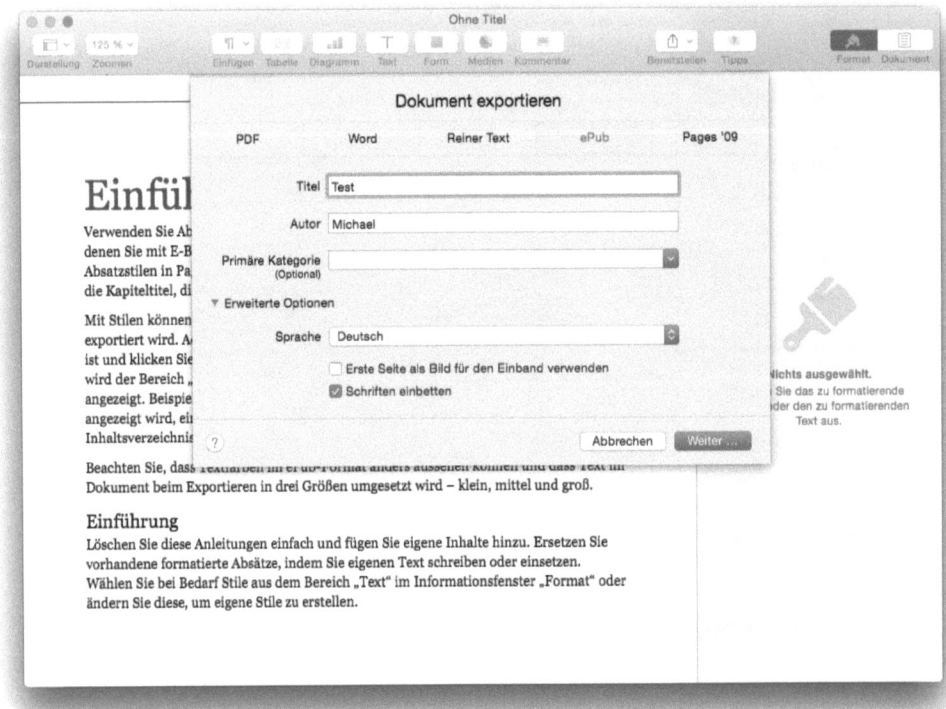

Abb. 12: EPUB-Export aus Pages (Version 5.6.2, unter Mac OS X)

4.2.5. Export aus Google Docs

Der Webdienst „Liberio", mit dem erstmals Texte aus Googles Online-Textverarbeitungspro-gramm[46] (sowie anderen Cloud-basierten Diensten) direkt in E-Books umgewandelt und die Ergeb-nisse auf den größeren Book-Stores vertrieben werden konnten, wurde inzwischen eingestellt.[47] Er-freulicherweise bietet Google Docs neuerdings auch eine native Exportmöglichkeit an – die Texte können jetzt auch in Form einer EPUB-Publikation heruntergeladen werden.[48]

---

46 https://www.google.at/intl/de/docs/about/

47 http://liber.io/blog/the-final-chapter-liberio-is-shutting-down, Stand vom 31.5.2016.

48 http://googleappsupdates.blogspot.co.at/2016/03/export-google-docs-files-as-epub.html, Stand vom 31.5.2016.

4.2.6. Export aus Moodle

Weiters können E-Books auch aus Materialien auf Lernmanagementsystemen generiert werden – für die populäre Lernplattform „Moodle"[49] beispielsweise gibt es aktuell zwei Plugins, die den Export von Inhalten des Buch-Moduls[50] ins EPUB-Format erlauben („EPUB book export" und „Lucimoo EPUB export", siehe https://moodle.org/plugins/browse.php?list=category&id=56).

4.2.7. dotEPUB

Für Blogger/innen könnte schließlich der Webdienst „dotEPUB" interessant sein: Mit dieser als Bookmarklet (d. i. eine Art „JavaScript-Bookmark") oder Browser-Erweiterung (für Firefox, Chrome und Safari) nutzbaren Anwendung können beliebige Texte auf Webseiten mit einem Mausklick in E-Books im EPUB- oder im MOBI-Format umgewandelt werden.

- Webseite des Herstellers: http://dotepub.com

4.3. Spezielle E-Book-Autorenwerkzeuge

4.3.1. iBooks Author

iBooks Author ist Apples Autorenwerkzeug für attraktive E-Books, die mit Bildergalerien, Videos, interaktiven Diagrammen, Tabellen, 3D-Objekten, mathematischen Ausdrücken, Multi-Touch-Widgets etc. angereichert werden können. Das Programm bietet viele Funktionen und Vorlagen, ist einfach und intuitiv zu bedienen (Zusammenstellen von Inhalten mittels Drag & Drop) und bietet als Exportmöglichkeit neben dem Apple-eigenen iBooks-Format (nur mit der iBooks-App lesbar) seit kurzem auch EPUB an. Mit iBooks Author erstellte Werke sind somit nicht mehr nur Benutzerinnen und Benutzern von neueren Mac-OS-X-Versionen oder iOS vorbehalten, die Gestaltungsmöglichkeiten von EPUB-Dokumenten sind im Vergleich zu den „iBooks" jedoch relativ cingeschränkt. Das Programm selbst ist – wenngleich gratis – nur für den Mac verfügbar.

---

49 https://moodle.org/
50 https://docs.moodle.org/31/de/Buch

< fnm >

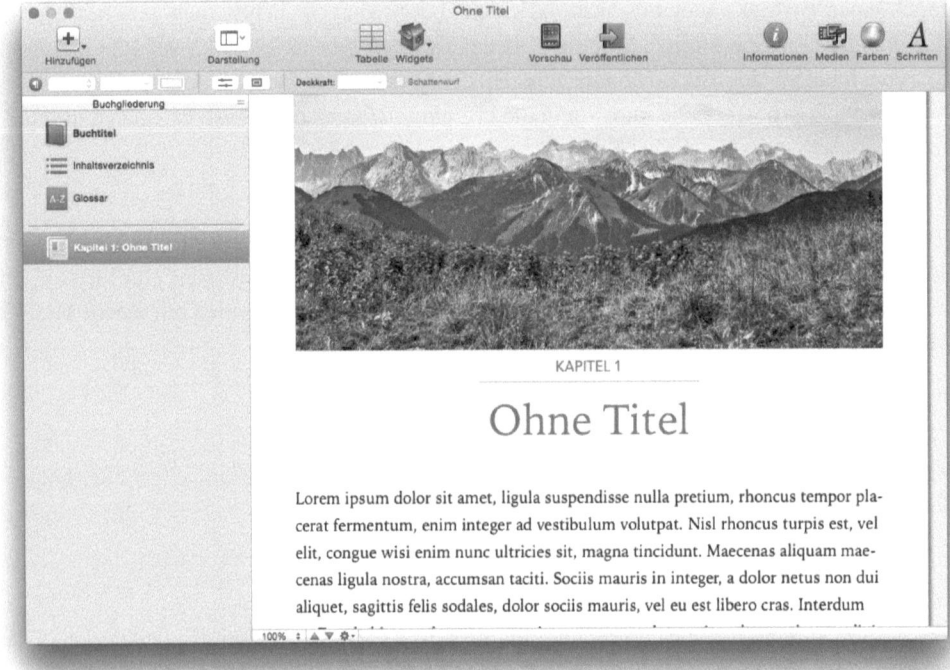

Abb. 13: Einfache EPUB-Vorlage in iBooks Author (Version 2.4.1, unter Mac OS X)

■ iBooks-Author-Webseite von Apple: http://www.apple.com/at/ibooks-author/

4.3.2. PubCoder

PubCoder stellt sich von der Bedienung her ähnlich dar wie iBooks Author, ist allerdings weitaus komplexer und bietet mehr Gestaltungsmöglichkeiten und Exportformate (EPUB 3, KF8, Android-App, iOS-App und HTML 5). Auf der vorab definierten Leinwand können Objekte (Texte, Bilder, Animationen, Videos, Quiz, Spiele, Bildergalerien etc.) platziert und dort arrangiert werden. Um interaktive Elemente zu generieren, können spezielle Regler eingesetzt oder einzelnen Objekten verschiedene Aktionen zugeordnet werden.

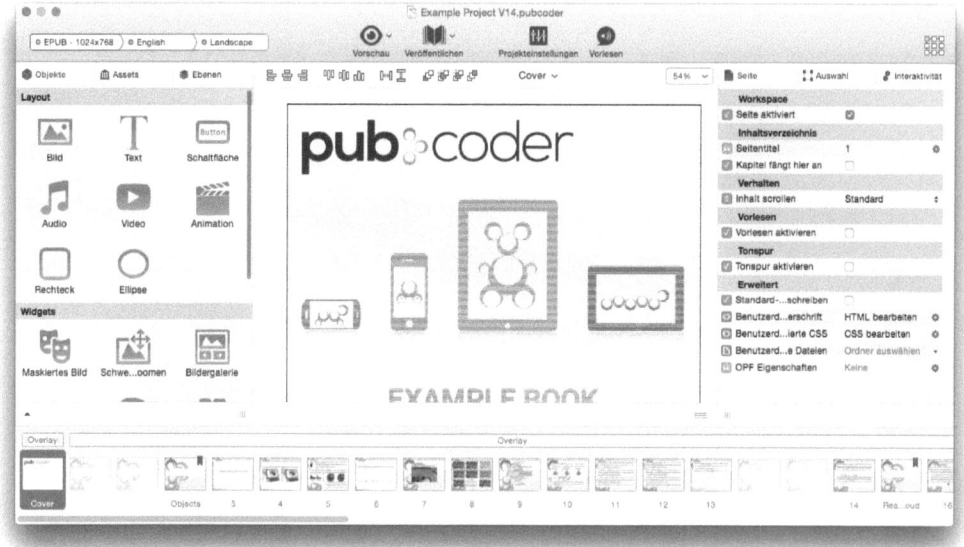

Abb. 14: Ein umfangreiches Beispielprojekt in PubCoder (Version 2.4, unter Mac OS X)

■ Webseite des Herstellers (gleichnamiges italienisches Startup):
https://www.pubcoder.com

PubCoder kann 30 Tage lang in vollem Umfang kostenlos getestet werden. Lizenzen sind ab monatlich € 8,-- erhältlich, PubCoder ist für Mac OS X und Windows verfügbar.

4.4. Textbook-Plattformen bzw. Schreibdienste mit E-Book-Export

4.4.1. Booktype/Omnibook

Booktype präsentiert sich als ausgereifte Open-Source-Plattform für die webbasierte Erstellung und Veröffentlichung von E-Books in unterschiedlichen Formaten. Die gratis verfügbare Software kann auf einem eigenen Server installiert oder als kostenpflichtiger, gehosteter Dienst genutzt werden; zusätzlich bietet der Hersteller mit „Omnibook" eine freie, auf Booktype basierende Autorenplattform an. Neben der kollaborativen Erstellung und Gestaltung von E-Books und einer nützlichen Versionierung ist auch die Wiederverwendung von (eigenen oder fremden) Inhalten für andere Buchprojekte möglich.

< fnm >

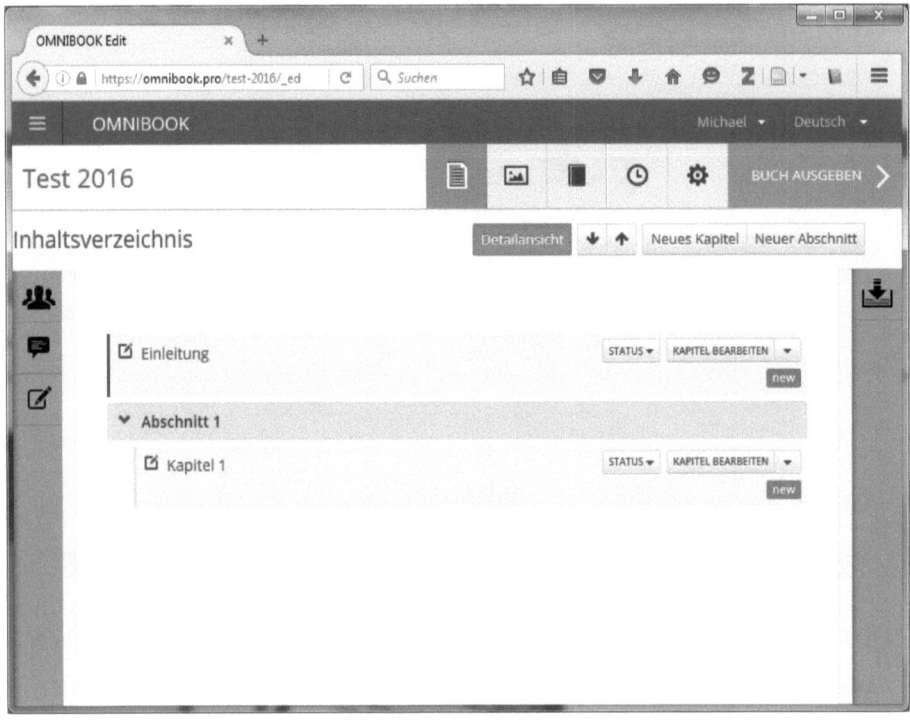

Abb. 15: Inhaltsverzeichnis/Gliederungsansicht eines E-Book-Projekts (auf Omnibook)

- Hersteller-Webseite: http://www.sourcefabric.org/en/booktype/
- Omnibook: https://omnibook.pro
- Booktype-2.0-Handbuch (englisch): http://sourcefabric.booktype.pro/booktype-20-for-authors-and-publishers/what-is-booktype/

Ein ähnliches Vorhaben wurde von der OERPUB-Gemeinschaft in Form eines browserbasierten Lehrbuch-Editors[51] verfolgt. Die dort erstellten Bücher werden in Github, einer populären Softwareentwicklungs-Plattform und -Community, gespeichert, der Editor bietet ebenfalls Versionskontrolle und attraktive Funktionen für interaktive Lehrbücher (Einbindung einfacher Aktivitäten und Übungen). Die Weiterentwicklung und Zukunft des Projekts scheint allerdings (der Aktualisierungsfrequenz des Projekt-Weblogs[52] zufolge) ungewiss.

---

51 http://editor.oerpub.org
52 http://oerpub.org, Stand vom 31.5.2016.

< fnm >

4.4.2. E-Book-Creator und ePubEditor

Der E-Book-Creator ist ein praktischer Webdienst des Österreichischen Instituts für angewandte Telekommunikation (ÖIAT), der das Erstellen von E-Books im EPUB- oder MOBI-Format bzw. als PDF- oder als HTML-Dokument ermöglicht. In das E-Book können Bilder, Texte, Videos und auch Quizzes eingebunden werden. Eine Beschreibung des E-Book-Creators findet sich unter http://e-book-creator.at/ebook.php?id=57. Zusätzlich gibt es im öffentlichen Katalog[53] auch Handreichungen speziell für Lehrende, wie sich E-Books für den Unterricht erstellen lassen. Als Lizenzen für die erstellten (und im Katalog veröffentlichten) E-Books stehen folgende Optionen zur Verfügung: „CC 0", „CC BY-SA" und „nicht im Katalog" (nicht gelistet).

- ■ Webseite des Herstellers: http://e-book-creator.at

Als (etwas umfangreichere, aber vergleichbare) Alternative kann der italienische Webdienst „ePubEditor" dienen, der in der Basisversion ebenfalls gratis ist und zusätzlich kostenpflichtige Funktionen anbietet (z. B. interaktive Infografiken oder erweiterte Funktionen zur Zusammenarbeit).

- ■ Webseite des Herstellers: http://www.epubeditor.it

4.4.3. Multimediale eBücher auf LMS.at

Die österreichische Lernplattform Lernen mit System (LMS.at) bietet die Möglichkeit, multimediale bzw. interaktive Bücher zu erstellen und den Schülerinnen und Schülern zur Verfügung zu stellen. Dabei können sowohl Texte als auch Bilder, YouTube-Videos, Fotoalben, Animationen und Kontrollfragen integriert werden, auch GeoGebra findet Berücksichtigung. Ein Einblick in die Funktionalitäten dieses multimedialen E-Books findet sich auf der Seite der EducationGroup[54]. Um diesen E-Book-Creator nutzen zu können, bedarf es jedoch eines Accounts auf LMS.at.

4.4.4. Plattform „ABC E-Books"

Die Einheit „TU Graz Lehr- und Lerntechnologien" bietet bereits seit Längerem die Plattform „ABC E-Books" an, mit der Inhalte online erstellt und zu E-Books zusammengefasst werden können. Die E-Books können in den Formaten EPUB 2, EPUB 3, Mobi, PDF und als Online- oder Offline-Version publiziert werden; die Plattform ist nicht nur Bediensteten der TU Graz vorbehalten, sondern kann auch von externen Personen (nach Registrierung) frei verwendet werden.

- ■ Plattform „ABC E-Books": https://ebook.tugraz.at
- ■ Webseite TU Graz Lehr- und Lerntechnologien:
  https://www.tugraz.at/oe/lehr-und-lerntechnologien/home/

---

53 http://e-book-creator.at/ebooks.php
54 https://www.edugroup.at/medien/detailseite.html?medienid=5510702

< fnm >

4.4.5. Webbasierte Schreibdienste mit EPUB-Export

In den vergangenen beiden Jahren wurde eine Reihe von kollaborativen, teils für wissenschaftliche Zwecke konzipierten webbasierten Schreibwerkzeugen veröffentlicht, die meist auf Markdown-Formatierung (d. i. Formatierung mittels einer simplen Auszeichnungssprache) und Git-basierter oder Git-artiger Versionskontrolle beruhen.[55] Als „Nebenprodukt" können die Produkte einiger dieser Schreibwerkzeuge auch im EPUB-Format gespeichert werden, etwa bei GitBook[56] oder Penflip[57].

4.4.6. Vertriebsplattformen mit integrierter E-Book-Erstellung

Unter den kommerziellen Vertriebsplattformen, die auch die Erstellung von E-Books ermöglichen, wären etwa Amazon Kindle Direct Publishing (KDP)[58] oder Leanpub[59] als Beispiele zu nennen. KDP bietet eine Reihe von Werkzeugen, die die Erstellung und Überprüfung Kindle-konformer E-Books aus beispielsweise Word-, HTML-, MOBI- oder EPUB-Dateien ermöglichen. Bei Leanpub können die Buchinhalte zusätzlich gleich direkt im Browser in Markdown-formatiertem Text geschrieben oder von Plattformen wie Github, Dropbox oder Bitbucket importiert werden.

4.5. Professionelle EPUB- bzw. XML-Editoren

4.5.1. Sigil

Sigil ist ein spezialisierter Editor für E-Books im EPUB-Format, der für Windows, Mac OS und Linux kostenlos verfügbar ist. Sigil bietet eine Reihe nützlicher Features wie wahlweise WYSIWYG- oder Quelltext-Bearbeitung, automatische Validierung, Metadatenbearbeitung oder Inhaltsverzeichniserstellung. Mit Sigil können EPUB-Dateien (EPUB 2 und 3) einfach, gratis und professionell erstellt werden.

---

55 Zur Motivation siehe etwa die programmatischen Ausführungen der Repositext-Initiative unter http://repositext.org.

56 https://www.gitbook.com/

57 https://www.penflip.com

58 http://kdp.amazon.com

59 https://leanpub.com

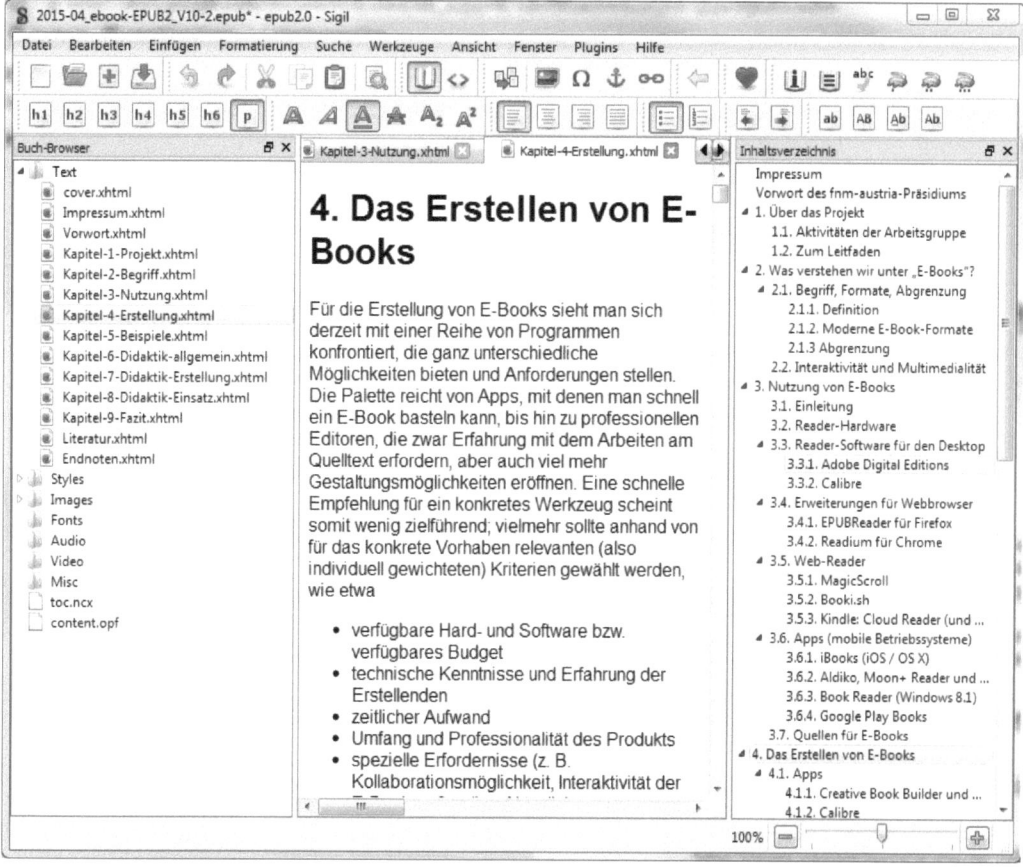

Abb. 16: E-Book-Erstellung mit Sigil (WYSIWYG-Modus; Version 0.9.5, unter Windows 7)

- Webseite und Blog: https://sigil-ebook.com
- Code-Repository auf Github: https://github.com/Sigil-Ebook/Sigil

4.5.2. BlueGriffon EPUB Edition

Neben dem gleichnamigen WYSIWYG-HTML-Editor wird auch eine „EPUB Edition" von Blue-Griffon (für Windows, Mac OS und Linux) angeboten. Diese ist von der Aufmachung her am ehesten mit Sigil zu vergleichen, jedoch kostenpflichtig (kann aber in eingeschränktem Funktionsumfang auch gratis genutzt werden).

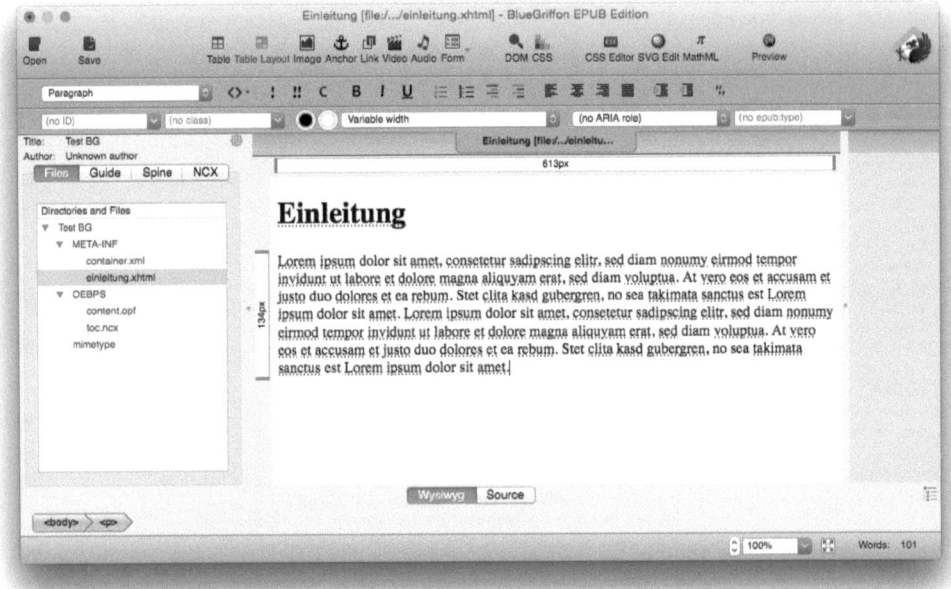

Abb. 17: E-Book-Bearbeitung mit BlueGriffon (Version 1.7.2, unter Mac OS X)

■ Herstellerseite: http://www.bluegriffon-epubedition.com

4.5.3. oXygen XML Editor

oXygen XML Editor ist ein professioneller Editor für die Arbeit mit allen XML-basierten Technologien, der auch umfassende Unterstützung für die Arbeit an und mit EPUB-Dateien bietet. Wie bei Sigil oder BlueGriffon können diese (mithilfe einer leeren Vorlage oder auf der Grundlage bestehender Buchprojekte im DocBook- oder DITA-Format) erstellt und die beinhalteten Dateien direkt bearbeitet werden. Speziell für die Erstellung und Programmierung interaktiver E-Books bzw. Scripting bietet oXygen nützliche Funktionen wie etwa eine Funktionsübersicht, Auto-Vervollständigung, Syntax-Highlighting und Versionsvergleich.

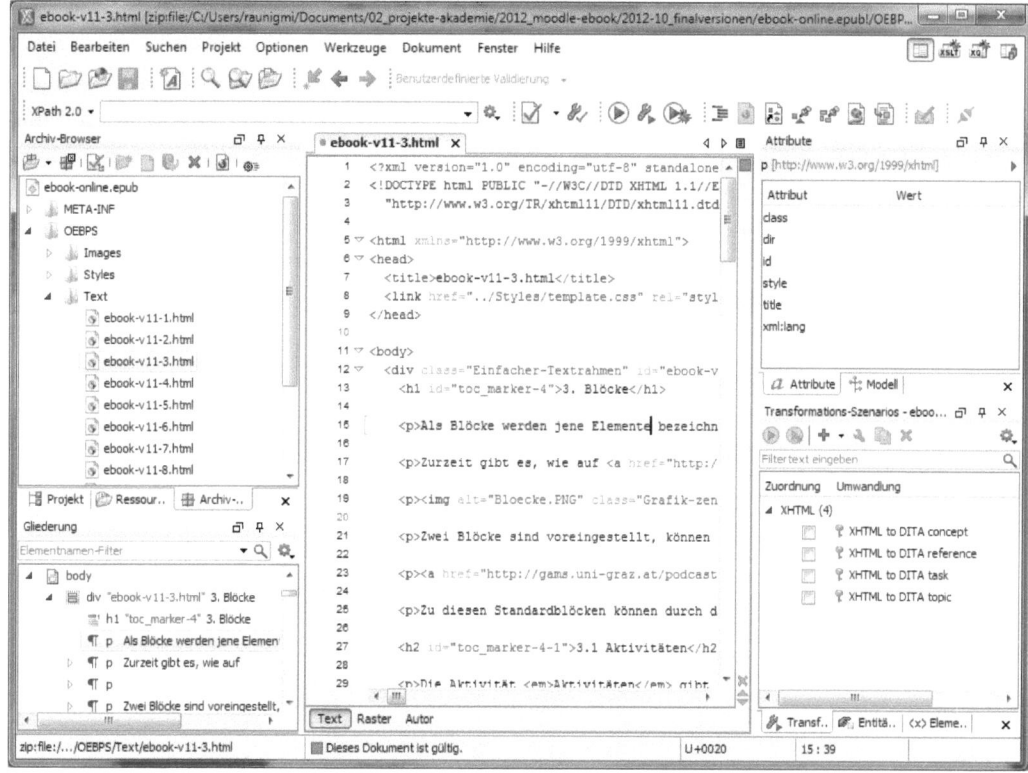

*Abb. 18: Bearbeitung eines größeren E-Book-Projekts mit oXygen
(Version 15.2, unter Windows 7)*

■ Herstellerseite: http://www.oxygenxml.com

< fnm >

4.6. EPUB validieren

Fertige EPUB-Dateien können und sollten vor der Veröffentlichung auf ihre Konformität mit dem EPUB-Standard sowie auf potentielle Fehler überprüft werden. Zudem geben diverse Vertriebsplattformen eigene Vorschriften, wie ein EPUB gestaltet zu sein bzw. welche (zusätzlichen) Informationen es zu enthalten hat. Sofern die Validierung nicht ohnehin durch die Autorentools, Editoren oder Converter geschieht, bieten sich hier u. a. der webbasierte EPUB Validator[60] des IDPF oder EpubCheck[61] (ebenfalls vom IDPF koordiniert) an, das als Kommandozeilentool, Java-Bibliothek oder mit benutzerfreundlichen Oberflächen genutzt werden kann. Als kommerzieller Webdienst für die komfortable Validierung und Qualitätssicherung fertiger EPUBs bietet sich z. B. FlightDeck[62] an.

---

60 http://validator.idpf.org

61 https://github.com/idpf/epubcheck

62 https://ebookflightdeck.com

< fnm >

5. Good Practice

5.1. Moodle-Praxishandbuch „Am Anfang steht der leere Kurs" (2012)

Das Moodle-Praxishandbuch „Am Anfang steht der leere Kurs" von Elke Lackner gibt Lehrenden nicht nur einen praktischen Einblick in die Lernplattform Moodle, sondern hält auch mediendidaktische Tipps und Tricks bereit. Durch die Realisierung als E-Book ergibt sich die Möglichkeit eines multimedialen und somit auch multisensualen Handbuchs, das neben Erklärungen auch Videos (statt langwieriger Click-by-Click-Fotoanleitungen) und Links anbietet, die zur weiteren Vertiefung einladen. Verlinkungen innerhalb des Buchs erleichtern das Navigieren zwischen den einzelnen Kapiteln, Methodenbeschreibungen zu den einzelnen Moodle-Aktivitäten sorgen dafür, dass man direkt mit der praktischen Umsetzung beginnen kann. Dabei startet das Buch bei einem leeren Kurs, der im Laufe der Zeit entsteht und wächst: Von der Kursplanung über seine Einrichtung bis zur Durchführung des Kurses werden die einzelnen Schritte verständlich erklärt. Auf Tipps und Tricks aus der Praxis wird natürlich nicht vergessen.

Das Moodle-Handbuch wurde als Open Educational Resource erstellt und steht dementsprechend kostenlos im EPUB-Format (2.0.1) zum Download zur Verfügung; heruntergeladen werden kann entweder eine „Offline-Version", in der die Videos bereits enthalten sind (zu empfehlen für videofähige Reader), oder eine „Online-Version", in der die Videos als Webressourcen verlinkt sind. Eine kurze Dokumentation dieses Projekts findet sich auch im Praxisreport „Die Avantgarde der Lehr-Lernmaterialien? Lehren lehren mit E-Books" (Lackner & Raunig, 2012).

- Projektseite mit Downloadmöglichkeit:
  http://akademie.uni-graz.at/de/produkte/moodle-praxisbuch-als-e-book/

5.2. Machbarkeitsstudie der TU Graz / Demo-E-Book

Im Zuge einer Auftrags-Forschungsarbeit (bm:ukk) wurden an der TU Graz Übungsbeispiele aus der Sammlung von http://www.digikomp.at kategorisiert und ausgewählte Beispiele in den Formaten EPUB 3 und iBooks umgesetzt. Ein Gerätetest (Unterstützung auf verschiedenen Endgeräten) sowie eine Aufwandsabschätzung der Erstellung waren ebenso Teil der Studie. Unterlagen und Dokumentationen finden sich auf der Forschungsprojekte-Webseite[63] der Organisationseinheit „Lehr- und Lerntechnologien" der TU Graz.

---

63 https://www.tugraz.at/oe/lehr-und-lerntechnologien/forschung-und-kooperationen/forschungsprojekte/

< fnm >

5.3. Masterarbeit zur Umsetzung von Lehrbüchern mit EPUB 3

Christian Gailer hat sich in seiner 2014 erschienenen Masterarbeit intensiv mit den aktuellen technischen Möglichkeiten für interaktive E-Books auseinandergesetzt. Zur Einstimmung sei hier die Zusammenfassung wiedergegeben:

> „E-Books verzeichnen derzeit in der Lehre ein zunehmendes Interesse. Durch neue E-Book-Formate am Markt und dem damit einhergehenden technologischen Fortschritt eröffnen sich neue Möglichkeiten digitale Medien im Bildungsbereich einzusetzen. Diese Arbeit beschäftigt sich mit der Frage, welche Potentiale das offene E-Book-Format EPUB3 für den praktischen Einsatz in der Lehre bietet. In Gesprächen mit Lehrenden wurde ein breites Spektrum an möglichen interaktiven Übungsbeispielen evaluiert. Des Weiteren wurde eine Reihe von Anforderungen sowohl an den Funktionsumfang des E-Books als auch an das Lesesystem gestellt. Die Übungsbeispiele wurden in Kategorien unterteilt und prototypisch in Form einer Übungsbeispielsammlung implementiert. Zur Umsetzung wurde das Autorenwerkzeug Oxygen XML Editor verwendet. Zur Bearbeitung von EPUB3-Publikationen und zur Programmierung der Übungen mittels JavaScript ist dieses Werkzeug nach derzeitigem Stand am besten dafür geeignet. Die Stärken und Schwächen des Formats wurden sowohl in inhaltlicher als auch technischer Hinsicht beleuchtet. Es kann behauptet werden, dass das EPUB3-Format aufgrund der Verwendung aktueller Webtechnologien für eine Vielzahl interaktiver Übungsarten eingesetzt werden kann. Es eignet sich sowohl für die Vermittlung neuer als auch zur Überprüfung bereits gelernter Inhalte. E Books, deren Inhalte zur Laufzeit erzeugt werden, sollten mit Hilfe fixer Layouts entworfen werden, da es ansonsten zu Problemen in der Darstellung kommen kann. Entsprechende E-Reader sind bereits für unterschiedliche Plattformen erhältlich und werden stetig weiterentwickelt." (Gailer, 2014: III)

Die Masterarbeit ist im Online-Katalog der Bibliothek der TU Graz als Volltext verfügbar.[64] Im Zuge eines begleitenden Kooperationsprojekts mit der Universität Graz wurde ein Demo-E-Book angefertigt, das in einem Web-Ordner für einen Workshop der Arbeitsgruppe (http://tinyurl.com/ ebooks20140430) verfügbar und unter Creative Commons BY-4.0 lizenziert ist; die Weiternutzung ist somit unter Namensnennung erlaubt.

Wesentliche Erkenntnisse aus dem Projekt betreffen die Empfehlung von fixen Layouts und eines gut geplanten Übungsdesigns, nachdem die Displayfläche limitiert ist. Aktuell sind nur wenige Reader (Readium, Himawari und iBooks) in der Lage, das E-Book ordnungsgemäß darzustellen, zudem können sich bei Drag-&-Drop-Übungen Konflikte ergeben. Nicht zuletzt sind bei derartigen Vorhaben der Entwicklungsaufwand (für interaktive Übungen) und Speicherbedarf (insbesondere bei der Integration von Animationen und Videos) zu bedenken.

---

64 http://castor.tugraz.at/F?func=direct&doc_number=000465257

< fnm >

5.4. Masterarbeit zur dynamischen Generierung (und Auswertung) von interaktiven Übungen im EPUB-3-Fomat

Im Rahmen einer weiteren Masterarbeit an der TU Graz von Christoph Prettenthaler wurde ein Prototyp für ein Online-Autorensystem zur Erstellung von (auf EPUB 3 basierenden) E-Books mit verschiedenen interaktiven Übungstypen erstellt. Das primäre Anwendungsfeld für das System (erreichbar unter http://schule.learninglab.tugraz.at) sind Schulbücher, wobei die Übungsergebnisse für Lehrende und Lernende dargestellt und (im Sinne von „Learning Analytics") serverseitig ausgewertet werden können. Die Masterarbeit ist ebenfalls im Online-Katalog der Bibliothek der TU Graz als Volltext verfügbar.[65]

5.5. Booktype-Projekte an der Pädagogischen Hochschule Steiermark

Heiko Vogl

Booktype ist ein freies webbasiertes Open-Source-Tool zum gemeinsamen Erstellen, Bearbeiten und Veröffentlichen von Büchern. Die mit Booktype erstellten Bücher können in unterschiedliche E-Book-Formate (PDF, EPUB, MOBI, ODT und HTML) exportiert werden. Auch der Export als druckfertige Innenseiten (Druckvorlage) in unterschiedliche Seitenformate für gedruckte Bücher ist möglich.

Die typischen Einsatzbereiche von Booktype sind (vgl. James & Parson, 2013):

- das Schreiben von Büchern (Fiktion, Handbücher, Kochbücher usw.)
- die Herstellung von gedruckten Büchern
- die Herstellung von E-Books
- das Schreiben von Büchern durch einzelne Autorinnen und Autoren
- das kollaborative Schreiben von Büchern durch mehrere Autorinnen und Autoren
- das Schreiben von Büchern in „Book-Sprints"
- das Anpassen und Remixen von bestehenden Inhalten und Büchern
- das Übersetzen von Büchern in andere Sprachen

Hervorzuheben ist, dass Booktype neben dem traditionellen Schreiben von Büchern besonders die Methode der Book-Sprints unterstützt.

---

65 http://castor.tugraz.at/F?func=direct&doc_number=000471863

< fnm >

5.5.1. Einsatzszenarien von kollaborativen E-Books in der Pädagoginnen-/Pädagogenbildung

E-Books werden in unterschiedlichen Bereichen in der PädagogInnenbildung verwendet. Exemplarisch werden drei Einsatzszenarien vorgestellt: Szenario eins schildert das Erasmus+ Journal. Dieses E-Book wird von Erasmusstudierenden während oder nach ihrer Studierendenmobilität geschrieben. Das zweite Beispiel betrifft die Verwendung von E-Books im Comeniusnetzwerk VoiceS. Beispiel drei zeigt den Einsatz eines kollaborativen E-Books im Bereich der Informations- und Kommunikationspädagogik.

An der Pädagogischen Hochschule Steiermark (PHSt) wird seit 2013 Booktype für das Erstellen des Erasmus+ Journals[66] verwendet. In diesem Journal werden Berichte von Erasmusstudierenden gesammelt und veröffentlicht. Die erste Ausgabe des Journals wurde als E-Book und als „Paper Back" auf der Self-Publishing-Plattform Lulu.com unter einer Creative-Commons-Lizenz veröffentlicht. An dieser ersten Ausgabe waren 15 Studierende und Lehrende der PHSt als Autorinnen und Autoren aktiv beteiligt. Ausgabe zwei des Journals ist ein Kooperationsprojekt der Pädagogischen Hochschule Steiermark und der Katholieke PABO Zwolle in den Niederlanden. Über 80 Autorinnen und Autoren schrieben an dieser Ausgabe.

■ E-Book: Erasmus+ Journal. Issue 1. http://www.erasmus-journal.eu/e-books/

Im Comeniusnetzwerk VoiceS[67] (Reference: 526613-LLP-2012-NL-Comenius-CNW) wurde Booktype für die Erstellung eines E-Books über europäische Schulprojekte (vgl. Vogl, 2014) verwendet. Ausgangspunkt war ein einwöchiger Fortbildungskurs für 15 europäische Pädagoginnen und Pädagogen in Graz. Aus diesem Kurs entstanden zwei europäische Schulprojekte. Die Dokumentation dieser beiden Projekte wurde als E-Book unter Verwendung von Booktype erstellt. Die Struktur, die Inhalte und die Reihung der Kapitel dieses E-Books wurden von allen Kursteilnehmerinnen und Kursteilnehmern der Schulprojekte gemeinsam entwickelt. Nur der übergeordnete Rahmen wurde vom Organisationsteam in Graz vorgegeben.

---

66 http://www.erasmus-journal.eu/e-books/

67 VoiceS, http://www.european-teachers.eu

< fnm >

Abb. 19: Book-Sprint in Graz
(Foto: Oliver Holz, http://mylearning.booktype.pro/voices-integrated-competences-for-european-teachers-giving-voices-to-professionalism-and-citize/_draft/_v/2.2/e-book/static/book_sprint.jpg)

Der kollaborative Schreibprozess für dieses E-Book wurde in drei Phasen konzipiert:

1. In der ersten Phase erhielten alle Teilnehmer/innen eine kurze technische Einführung in Booktype. Anschließend wurden erste Kapitel im Stil von „Book-Sprints" geschrieben. Durchgeführt wurde diese Phase im Rahmen des In-Service-Kurses in Graz.

2. Während der zweiten Phase, etwa zwei Monate später, begannen die Kursteilnehmer/innen mit der schriftlichen Dokumentation der laufenden Projekte. Der Abschluss dieser Phase beinhaltete auch ein Peer-Review der so entstandenen Texte.

3. In der dritten Phase des Schreibprozesses fand eine externe Evaluation mit Review durch das „Advisory Board" des VoiceS-Netzwerkes statt.

< fnm >

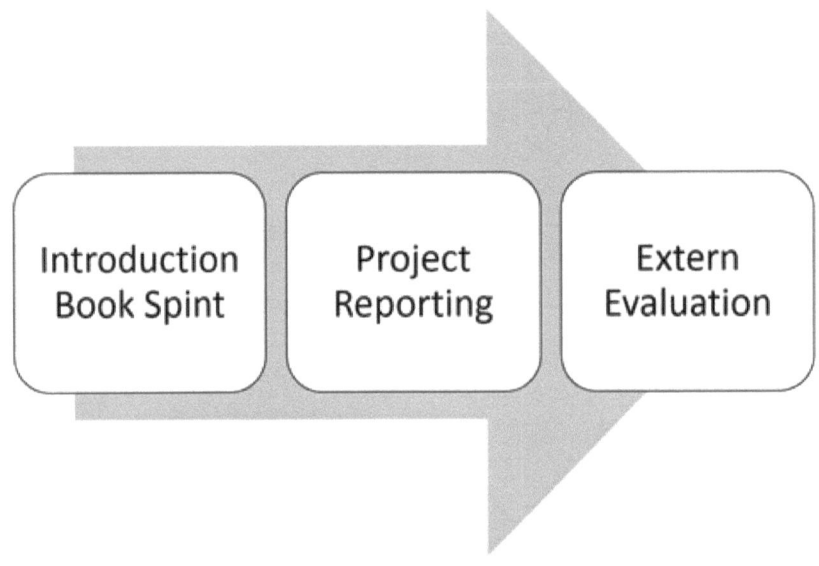

*Abb. 20: Schematische Darstellung des kollaborativen Schreibprozesses
(http://mylearning.booktype.pro/voices-integrated-competences-for-european-teachers-giving-
voices-to-professionalism-and-citize/_draft/_v/2.2/e-book/static/writing_process.png)*

Dieses kollaborative E-Book wurde anschließend als Download auf der Website des VoiceS-Netz-werkes in unterschiedlichen Formaten veröffentlicht. Auch hier wurde eine Creative-Commons-Lizenz für die Veröffentlichung gewählt.

■ E-Book: VoiceS - Integrated Competences For European Teachers. Giving Voice(S) To Professionalism And Citizenship In School Networking. http://www.european-teachers. eu/products/e-books/voices-integrated-competences-for-european-teachers-giving-voice-s-to-professionalism-and-citizenship-in-school-networking

Weiters wurde und wird Booktype als lernendenzentrierte Methode in einem konstruktivistischen Unterrichtssetting im Bachelorstudiengang „Informations- und Kommunikationspädagogik" einge-setzt. Studierende schreiben dabei an einem gemeinsamen E-Book zum Thema Blended Learning. Dabei wird den Lernenden nur ein grobes inhaltliches und formales Konzept des E-Books zur Verfügung gestellt. Die inhaltliche Ausgestaltung, Layout, Cover und die Mechanismen zur Quali-tätssicherung werden durch die Studierenden selbst erarbeitet.

The Yellow Hat - A MOOC A Day Keeps The Teacher At Bay!

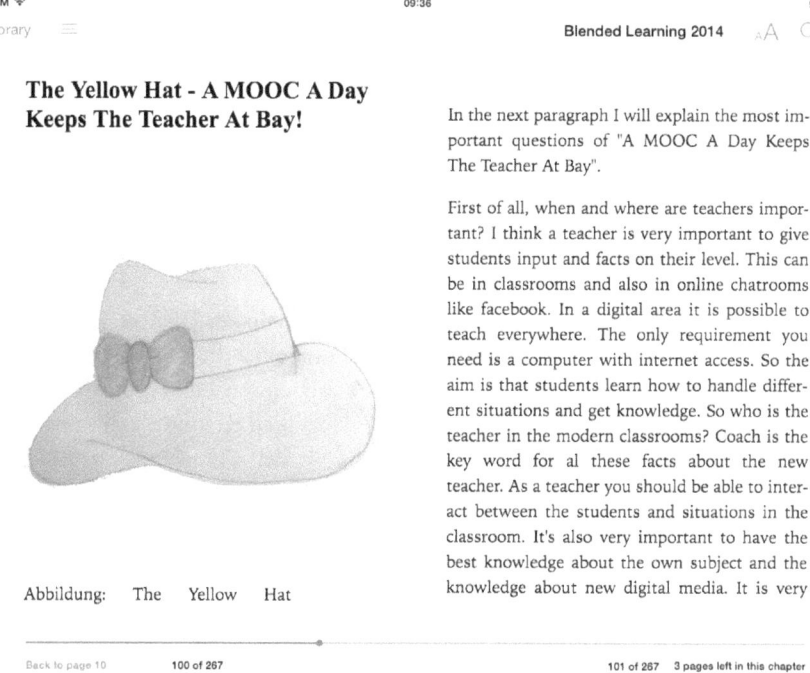

Abbildung: The   Yellow   Hat

In the next paragraph I will explain the most important questions of "A MOOC A Day Keeps The Teacher At Bay".

First of all, when and where are teachers important? I think a teacher is very important to give students input and facts on their level. This can be in classrooms and also in online chatrooms like facebook. In a digital area it is possible to teach everywhere. The only requirement you need is a computer with internet access. So the aim is that students learn how to handle different situations and get knowledge. So who is the teacher in the modern classrooms? Coach is the key word for al these facts about the new teacher. As a teacher you should be able to interact between the students and situations in the classroom. It's also very important to have the best knowledge about the own subject and the knowledge about new digital media. It is very

Abb. 21: Ein Kapitel aus dem E-Book „Blended Learning 2014"

■   E-Book: Blended Learning 2014.
http://mylearning.booktype.pro/blended-learning-2014/

5.5.2. Kollaboratives Schreiben mit Booktype

Entwickelt wurde Booktype als ein Werkzeug für kollaboratives Online-Schreiben, insbesondere im Stil von Book-Sprints. Ein Book-Sprint ist eine Methode, um technische Handbücher kollaborativ zu schreiben. Der Begriff „Book-Sprint" wurde von Tomas Krag und Adam Hyde (Hyde, 2013) eingeführt. Adam Hyde ist eine der Schlüsselpersonen in der Non-Profit-Stiftung FLOSS Manuals. Diese Stiftung mit Hauptsitz in Amsterdam konzentriert sich auf die kollaborative Erstellung von hochwertigen Büchern im Bereich der freien Software. Das erste Werkzeug, das für kollaboratives Schreiben in diesem Bereich verwendet wurde, war die TWiki-Software. Später wurde die Plattform Booki.cc entwickelt, welche die technologische Basis von Booktype darstellt. Die tschechische Non-Profit-Organisation Sourcefabric (Sourcefabric, 2014) entwickelt und betreut Booktype aktuell.

< fnm >

Veröffentlicht wurde die Software unter der „GNU Affero GPL"-Lizenz; dies bedeutet, dass Booktype frei heruntergeladen und verwendet werden kann. Installiert werden kann Booktype auf Linux-Servern und auf dem Apple-Betriebssystem Mac OS X. Die Funktion der Autoinstallation wird von den Betriebssystemen Ubuntu 10.04, Ubuntu 12.04, CentOS 6.3, Debian 6 und Mac OS X 10.5/10.6/10.8 unterstützt. Alternativ wird von Sourcefabric ein bezahlter Hosting-Service („Booktype Pro") angeboten.

5.6. E-Book „Fremdsprachenunterricht 2.0 – Good Practices aus Social Media, OER und Co"

Ziel des Proseminars „Fremdsprachenunterricht 2.0: Social Media, OER & Co" am Institut für Romanistik (Universität Graz) war es, die Studierenden zum einen für die Möglichkeiten und Hindernisse in Hinblick auf die Integration von Social-Media-Diensten zum Fremdsprachenlernen und zum anderen für die Vorteile und Stärken von Open Educational Resources zu sensibilisieren. Als Abschlussarbeiten wurden sogenannte Real-Life-Tasks für den Sprachunterricht entwickelt, die als Open Educational Resources (OER) und gleichzeitig als Open Educational Practices (OEP) zur Verfügung stehen sollten. Die Proseminararbeiten von den Studierenden wurden deshalb als Kapitel in ein E-Book integriert, um nicht nur den Augen der Lehrperson vorbehalten zu bleiben, sondern der gesamten interessierten Community zur Verfügung gestellt zu werden. Was dabei entstanden ist, ist eine Sammlung von 18 Real-Life-Tasks sowie 18 fertigen Unterrichtseinheiten, die sich grundsätzlich in allen Sprachen einsetzen bzw. für alle Sprachen adaptieren lassen und durch die Creative-Commons-Lizenzierung auch adaptiert werden dürfen. Die Unterrichtsmaterialien (wie Arbeitsblätter, analoge Spiele, Vorlagen) werden innerhalb des Buches jeweils in einer Version als PDF und Doc(x) bereitgestellt, um auch den Reuse bzw. Remix der Materialien zu ermöglichen. Durch die Konzeption als E-Book sind und bleiben alle Links als solche erreichbar, die interaktiven Übungen können – bei bestehender Internetverbindung und mit einem geeigneten Reader (z. B. iBooks für iOS oder Himawari Reader für Android) – direkt im Buch ausprobiert werden.

Das E-Book liegt im EPUB-Format vor und kann auf http://unipub.uni-graz.at bezogen werden. Nach einer eingehenden Recherche kamen für die Produktion (aus den vorgefertigten Dokumenten der Studierenden, die in Form von Text-Dokumenten bereitgestellt wurden und neben Texten und Bildern teilweise interaktive Übungen der Lernplattform LearningApps.org[68] enthielten) drei Autorenwerkzeuge in die engere Auswahl, um das E-Book mit vertretbarem Aufwand umzusetzen: der E-Book-Creator, Sigil und iBooks Author. Da nur Letzterer die Möglichkeit bietet, interaktive Übungen von LearningApps.org einzubinden, fiel die Wahl auf iBooks Author.

---

68 http://learningapps.org/

< fnm >

6. E-Books & Didaktik: Allgemeines

6.1. Vom digitalen Lehrbuch zum digitalen Übungsbuch

E-Books haben in der vergangenen Zeit einen Anstieg in Hinblick auf ihre Akzeptanz und Verbreitung erlebt, wie die oberösterreichische Jugend-Medien-Studie, die von der EduGroup jährlich durchgeführt wird, in ihrer Ausgabe 2015 betont. Leser/innen lesen sowohl analoge als auch digitale Bücher, lediglich beim digitalen Schulbuch stehen den Befürworterinnen und Befürwortern ebenso viele Skeptiker/innen gegenüber. (Vgl. EduGroup, 2015b, Chart 25-27)

> Unter E-Books sind elektronische oder digitale Bücher zu verstehen, die somit einerseits in digitaler Form vorliegen (egal, ob es ein gedrucktes Pendant dazu gibt) und andererseits (zumindest nach heutigem Stand der Technik) mit elektrisch betriebenen Endgeräten (Smartphone, Tablet, PDA, spezielle E-Reader, Notebook, PC) gelesen werden.
> (s. o., Abschnitt „Definition")

Wie bereits am Beginn des Leitfadens festgestellt, fallen unter diese kurze Definition auch reine Textdokumente, die eben als Digitalisate vorliegen und unter Verwendung elektrisch betriebener Endgeräte gelesen werden können. Sie sind mit einer digitalen Version eines Skriptums gleichzusetzen und lösen analoge, gedruckte Skripten ab. Diese basale Form des E-Books zeichnet sich durch ein Fehlen von Interaktivität und Multimedialität aus, lediglich das direkte Aufrufen von Verlinkungen (innerhalb des Dokuments oder ins Internet) ist möglich. Weiters können Bilder eingebunden sein, die aber selten nach Größe skalieren, was das Konsumieren dieser Inhalte auf mobilen Geräten teilweise schwierig macht.

Tabelle 1 zeigt in vereinfachter Weise die unterschiedlichen Formen, die E-Books in Abhängigkeit des Grades der Umsetzung der Punkte Multimedialität, Erweiterbarkeit, Interaktivität und Personalisierbarkeit annehmen können:[69]

---

69 Weitere Abstufungen können auch an dieser Stelle vorgenommen werden. Die Unterscheidung in eine Standardvariante, eine angereicherte Variante und eine interaktive Variante wurde in Anlehnung an die Praxis französischer Schulbuchverlage wie Hatier, Bordas oder Hachette vorgenommen. Vgl. http://www.editions-hatier.fr/contenu/manuels-interactifs#MI, http://www.enseignants.hachette-education.com/maternelle/pages/manuel-num/manuels-numeriques-presentation.php und http://www.editions-bordas.fr/sites/all/themes/editionbordas/images/pop2_configurations.jpg, Stand jeweils vom 28.10.2014.

< fnm >

	Multimedial	Erweiterbar	Interaktiv	Personalisierbar
Digitalisat (PDF o. Ä.)	☹	😐	☹	😐
Angereichertes E-Book	🙂	🙂	😐	😐
Interaktives E-Book	🙂	🙂	🙂	🙂

Tabelle 1: Klassifizierung von E-Books

Unter „Multimedialität" wird dabei das Einbinden multimedialer Inhalte in das Buch verstanden. Darunter fallen Videos ebenso wie Audioelemente oder 3D-Animationen und Simulationen. Diese können lediglich konsumiert, nicht jedoch adaptiert werden. Sobald die Konsumentinnen und Konsumenten über das Konsumieren im Sinne des passiven Rezipierens hinaus selbst aktiv werden sollen, also zu Produzentinnen und Produzenten werden sollen, sind interaktive Elemente gefordert. Darunter versteht man zum einen das Vorhandensein von Übungen, die in einem behavioristischen Sinne ausgefüllt werden und den Lernenden sofort Aufschluss über richtige und falsche Antworten geben, zum anderen aber auch das In-Kontakt-Treten mit den Lehrenden oder einer Lerngruppe oder das kollaborative Arbeiten mit anderen Lernerinnen und Lernern – in Form eines Austausches zum Beispiel. Dabei können diese interaktiven Elemente sowohl in multimediale Inhalte eingebettet sein als auch als selbstständige Elemente auf multimediale Inhalte folgen oder mit diesen kombiniert sein. Als personalisierbar gilt ein E-Book dann, wenn Annotationen und persönliche Einstellungen vorgenommen, Lesezeichen angelegt und vor allem gespeichert werden können. Als Erweiterbarkeit wird hingegen das interne oder externe Referenzieren innerhalb eines E-Books verstanden. Hierunter fällt zum Beispiel das Verknüpftsein eines hinterlegten Wörterbuchs oder Lexikons genauso wie die Verlinkung auf interne Kapitel, Glossare oder externe Inhalte.

Auf Ebene des Lernens und Lehrens lässt sich Tabelle 1 deshalb in vereinfachter Weise wie folgt auf Lehr- und Übungsbücher übertragen:[70]

---

70 Weitere Abstufungen, wie zum Beispiel um die eigene Kategorie „Übungsbuch", können auch an dieser Stelle vorgenommen werden.

< fnm >

	Multimedial	Erweiterbar	Interaktiv	Personalisierbar
Lehrbuch	☹	😐	☹	😐
Angereichertes Lehrbuch	☺	☺	😐	😐
Lehr- & Übungsbuch	😐	☺	😐	☺

Tabelle 2: E-Books zum Einsatz im Lernen und Lehren

Das Lehrbuch im strengsten oder engsten Sinne entspricht der digitalisierten Version des gedruckten Lehrwerks und umfasst dabei jene Funktionen, die auch E-Books aus dem Bereich der Belletristik, wie sie beispielsweise auf dem Kindle oder dem Tolino konsumiert werden, eigen sind. So können hier Anmerkungen vorgenommen werden und eine Skalierung auf die Bildschirmgröße ist möglich. Darüber hinaus können externe und interne Links – zum Beispiel auf Wörterbücher und Lexika als Recherchetools – direkt aus dem Buch heraus aufgerufen werden. Eine aktive Arbeit der Lernenden über die Rezeption auf Inhaltsebene hinaus ist eingeschränkt möglich, liegt aber nicht im Fokus des reinen Lehrbuchs, dessen Schwerpunkt auf der Wissensvermittlung liegt. Je stärker der Fokus auf der selbstständigen Erarbeitung von Wissen durch Kollaboration und Kommunikation oder der Wissensüberprüfung, also einer aktiven Mitarbeit der Lerner/innen liegt, umso höher muss der Grad an Multimedialität und Interaktivität sein. Erst dann lässt sich von einem interaktiven Lehr- und/oder Übungsbuch sprechen.

6.2. Didaktisch relevante Features

Grundsätzlich gilt für ein E-Book, dass es alle Funktionen und Möglichkeiten eines Buchs erfüllen muss, doch sollte es durch die „e"-Komponente darüber hinaus noch einen Mehrwert haben oder zusätzliche Vorteile und Möglichkeiten bieten. Diese vage Leistungsbeschreibung trifft sowohl für belletristische E-Books als auch für elektronische Lehr- und Schulbücher zu. Um sich für den Einsatz im Unterricht zu eignen, bedarf es jedoch einzelner spezifischer Features oder Funktionalitäten, die im Anschluss im Einzelnen kurz beschrieben werden sollen. Dabei wird, wie in Tabelle 3 dargestellt, auf drei Ebenen zwischen den Attributen *basic*, *advanced* und *premium* unterschieden, wobei als *basic* jene Grundvoraussetzungen zu sehen sind, die ein E-Book zwingend haben muss, um im Lehr- und Lernkontext einsetzbar zu sein; als *advanced* werden jene Eigenschaften gesehen, die wünschenswert sind, und als *premium* Wunschvorstellungen, die optimal wären oder visionär sind, aber eher als „Zugabe" zu sehen sind.

< fnm >

Kategorie	Feature	basic	advanced	premium
Inhalte	Multimediale Inhalte	☺		
	Interaktive Inhalte		☺	
	Hyperlinks direkt aufrufen	☺		
im E-Book navigieren	Blättern	☺		
	Seite direkt aufrufen	☺		
	Seitenzahlen vorhanden	☺		
	Zugriff auf Ressourcen (Glossar, Lexikon, Enzyklopädie o. Ä.)	☺		
	Zugriff auf allgemeine Verzeichnisse (Inhalts-, Abbildungs-, Quellenverzeichnis o. Ä.)	☺		
	Volltextsuche	☺		
das E-Book personalisieren	Annotieren mit Post-its	☺		
	Annotieren handschriftlich		☺	
	Annotieren sprachlich			☺
	Markieren	☺		

Kategorie	Funktion			
	Lesezeichen setzen	🙁		
	Fortschrittsbalken für Übungen			🙂
das E-Book anpassen	Zoomen	🙁		
	Schriftgröße ändern	🙁		
	Helligkeit/Kontrast ändern	🙁		
	Vollbildmodus		😐	
das soziale E-Book	Annotationen, Markierungen und Lesezeichen teilen			🙂
	Integration sozialer Netzwerke			🙂
	Ergebnisse von Wissensüberprüfungen teilen			🙂
das E-Book lesen	Offline lesbar		😐	
	Barrierefreie Version		😐	
	Auf mehreren Endgeräten			🙂
	Synchronisierung unterschiedlicher Endgeräte			🙂
	Lernmodus			🙂

< fnm >

Verwendbarkeit der Inhalte	Drucken einzelner Passagen/ Seiten	😐	
	Kopieren einzelner Passagen/Seiten	😐	
Sonstiges	Integrierte Hilfefunktion	😮	
	Darstellung in Farbe	😮	

Tabelle 3: Features eines E-Books

Auf inhaltlicher Ebene ist bereits in einfachen PDF-Dokumenten eine Kombination aus Textelementen und grafischen Elementen wie Tabellen oder Bildern möglich. Auch das direkte Aufrufen von Hyperlinks ist für gewöhnlich in PDF-Dokumenten denkbar, sofern eine funktionierende Internetverbindung vorhanden ist. Der Mehrwert von E-Books liegt in der Integration multimedialer und interaktiver Elemente über das Einbetten von Videos hinaus. Als multimediale Inhalte lassen sich Audioelemente und Videos ebenso einbauen wie Animationen (in 2D und 3D), die der Visualisierung unterschiedlichster Inhalte dienen.[71] Während die Integration multimedialer Inhalte eine Grundanforderung an ein digitales Lehr- und Übungsbuch darstellt, ist die Integration interaktiver Übungen und Elemente eine *Advanced*-Option.[72] Dass und in welcher Form sich interaktive Elemente in E-Books integrieren lassen, wurde bereits im Abschnitt „Interaktivität und Multimedialität" beschrieben. (Vgl. Gailer et al., 2014) Für eine Lehr- und Lernressource ist es ein klarer Mehrwert, wenn Übungen nicht als bloße Textaufgaben zur Verfügung stehen, sondern interaktiv gestaltet sind, was auf der einen Seite die Wiederholbarkeit der Übungen innerhalb des E-Books ermöglicht und auf der anderen Seite durch das sofortige Feedback über die Korrektheit der Antworten die Lehrperson als Feedbackgeber/in entlastet. Im Sinne eines behavioristischen Lehr- und Lernansatzes, wie dem sogenannten *Individualisierten Programmierten Unterricht* der 1960er-Jahre, werden Lernprozesse in viele Einzelprozesse unterteilt, am Ende jedes Einzelschrittes steht eine Überprüfung der erreichten Lernziele, an die ein Feedback angeschlossen ist. (Vgl. Baumgartner, 2014, 294ff) Wird ein Lernprozess positiv erledigt, bekommt man – ähnlich einer Belohnung – das nächste Lernelement freigeschaltet. Die Lernzielkontrollen werden dabei nicht selten als Multiple-Choice-Quiz realisiert. Neben dem Feedback ist dabei vor allem die Wiederholbarkeit der Übungen als bedeutend und folglich zentral zu sehen. Wir erkennen, dass der interaktive Bereich im Sinne einer reinen Wissensüberprüfung auf Ebene des deklarativen Wissens einfach abzuwickeln ist. Schwieriger wird das Messen von Kompetenzerreichungen, wie sie beispielsweise in kollabo-

---

71 Einige Beispiele finden sich im Abschnitt „Einsatzszenarien".
72 Siehe dazu auch den Abschnitt „Interaktivität und Multimedialität".

< fnm >

rativen Settings auf Ebene personaler oder sozialer Kompetenzen realisiert werden können. (Vgl. Erpenbeck & Sauter, 2013)

Im Bereich Navigation soll es möglich sein, zwischen den einzelnen Seiten zu blättern, also nicht nur auf Seiten zu springen, sondern – wie bei einem klassischen Buch – das Gefühl des Blätterns zu haben. Dadurch ist es auch möglich, durch einzelne Kapitel zu navigieren und sich einen Überblick zu verschaffen („durchblättern"), anstatt in die Tiefe zu lesen. Diese Blätterfunktion bietet den Vorteil, neue Informationen nebenbei zu konsumieren, also inzidentelles Lernen auszulösen. (Vgl. Lexikon online) Ein Beispiel soll dies verdeutlichen: Wenn man in einem gedruckten Wörterbuch ein Wort sucht, findet man dies meist nicht auf den ersten Blick, sondern sieht die Wörter davor und danach ebenfalls an. Gibt man ein Wort in eine Online-Suchmaschine ein, dann fallen nur wenige Ergebnisse nebenbei an. Der Lerneffekt ist ein anderer, das Potential, aus einer Recherche „mehr" mitzunehmen, sinkt. Daneben muss es möglich sein, einzelne Seiten direkt anzuwählen, also Seiten direkt aufzurufen oder einzugeben, um beispielsweise im Unterricht direkt an eine gewisse Seite zu gelangen, ohne durchblättern zu müssen. Alle Lerner/innen einer Gruppe oder Klasse können so gemeinsam an einem Punkt des Buchs starten. Dafür ist es jedoch notwendig, dass im Lehr- und Übungsbuch – wie vom traditionellen Schulbuch gewohnt – fixe Seitenzahlen oder aber zumindest Kapitel-, Absatz- oder Abschnittsmarken vorhanden sind, die dieses direkte Verweisen auf einzelne Abschnitte oder Inhalte erlauben und damit auch eine einfache Zitierbarkeit bewirken. (Vgl. Rudt & Artmann, 2012) Was die einzelnen Teile des digitalen Lehr- bzw. Übungsbuchs betrifft, so sollte eine wechselseitige Verlinkung von Abbildungen und Abbildungsverzeichnis, Inhaltsverzeichnis und einzelnen Kapiteln sowie Quellenangabe und Bibliografie – so vorhanden – möglich sein. Das erlaubt das schnelle Nachschlagen von Quellen und eine Erweiterung des Inhalts um einen virtuellen Lernraum. Auf inhaltlicher Ebene sollten zusätzliche Ressourcen direkt über das Lehr- und Übungsbuch abrufbar sein, wie beispielsweise Glossare, Wörterbücher, Enzyklopädien und Lexika. Durch ein längeres Tippen auf ein bestimmtes Wort oder einen Satz oder ähnliche einfache taktile Verfahren sollten diese zusätzlichen Ressourcen aufgerufen werden können. Innerhalb des Buchs sollte eine Volltextsuche möglich sein.

Bücher sind mehr oder weniger personalisierbar. Sie lassen sich mit Lesezeichen versehen, und einige Leser/innen biegen die Ecken zu „Eselsohren" um, um sich bestimmte Seiten zu merken. Darüber hinaus können ebenso handschriftliche Notizen eingefügt wie einzelne Teile unterstrichen werden, was für den Lernerfolg förderlich sein kann, wenn die Notizen richtig gemacht werden, wie Woolfolk (2008, 381f.) und Algoet et al. (2011) betonen. Wer in seine Bücher nicht hineinschreiben möchte, kann Notizzettel hineinlegen oder selbstklebende Notizzettel verwenden. Diese wiederum können auch als Lesezeichen fungieren. All diese Funktionen sollte auch ein elektronisches Lehr- und Übungsbuch bieten. Dabei sollte das Markieren einzelner Textpassagen genauso möglich sein wie das Setzen von Lesezeichen und das Verfassen von Annotationen, bei denen aber zwischen handschriftlichen Annotationen und Annotationen innerhalb von Notizkärtchen wie Haftnotizzetteln zu unterscheiden ist. Das Anbringen von Notizen mittels kleiner Notizzettel sollte in der Basisversion möglich sein, wohingegen das handschriftliche Annotieren in den Bereich *advanced*

< fnm >

und das Annotieren mittels Sprache in den Bereich *premium* fallen.[73] Gerade in Hinblick auf die stärkere Verwendung von Stiften als Eingabegeräten sowie die verbesserte Nutzbarkeit von Handschriftenerkennungsprogrammen ist davon auszugehen, dass auch die handschriftlichen Notizen in den Bereich *basic* rutschen oder sich diesem zumindest annähern. Die vier genannten Personalisierungsmöglichkeiten sollten alle in einem eigenen Abschnitt gespeichert und abrufbar sein, um sich einen schnellen Überblick über die eigenen Gedanken, Notizen und Anmerkungen machen zu können. Darüber hinaus sollten die Lerner/innen nach Möglichkeit durch Klick direkt zur Annotation oder zum Lesezeichen gelangen, um auch den Kontext verfügbar zu haben. In den Bereich der *Premium*-Funktionalitäten fällt das Vorhandensein eines Fortschrittsbalkens, der anzeigt, wie viele Übungen innerhalb des Buchs oder innerhalb eines Kapitels bereits erledigt worden sind, oder wie der Lesefortschritt innerhalb des Buches ist. Dabei ist zu entscheiden, ob der Fortschrittsbalken pro Kapitel, pro Buch oder eventuell auf inhaltlicher Ebene (pro thematischer Einheit) angezeigt werden soll. Optimal wäre eine Lösung, bei der zwischen unterschiedlichen Fortschrittsbalken gewechselt werden kann, d. h. unterschiedliche Balken ausgewählt werden können (Fortschritt innerhalb eines Kapitels vs. Gesamtfortschritt innerhalb eines Buchs; Fortschritt in der Bearbeitung der Übungen vs. Fortschritt beim Konsumieren der Inhalte, d. h. Lesen der Texte oder Betrachten der Videos).

Gänzlich in den Bereich der *Premium*-Funktionalitäten fällt der Abschnitt über das soziale E-Book. Darunter ist die Interaktion mit Lehrenden, anderen Lernerinnen und Lernern oder Leserinnen und Lesern zu verstehen. In Zeiten von Social Media sind Lernende gewohnt, ihre Mitschriften, Gedanken und Erfolge in sozialen Netzwerken und auf sozialen Plattformen mit anderen zu teilen und von den anderen ein zeitnahes Feedback zu erhalten. Optimal wäre, wenn auch das elektronische Lehr- und Übungsbuch auf unterschiedlichen Ebenen eine „Teilen"-Option hätte. So wäre es auf der einen Seite wünschenswert, wenn die Lerner/innen mit der Lehrperson in Interaktion treten und ihr die Ergebnisse von Wissensüberprüfungen schicken oder Fragen, die sich beim Bearbeiten der Inhalte auftun, stellen könnten; auf der anderen Seite wäre auch das Teilen dieser Ergebnisse unter den Lernerinnen und Lernern anzudenken, um unter Umständen einen kleinen Wettkampfcharakter zu schaffen. (Vgl. Ruski, 2007, 189) Ähnliches gilt für das Teilen auf bestehenden sozialen Netzwerken, die in das Lehr- und Übungsbuch integriert sein könnten, oder die zumindest eine Anbindung an das E-Book erhalten sollten. So könnten sich die Lerner/innen untereinander über ihre Lernfortschritte austauschen, Probleme besprechen und Hürden, die den Lernprozess behindern, gemeinsam ausräumen. Eine Interaktion auf unterschiedlichen Ebenen sollte im Hinblick auf das Teilen von Annotationen, Lesezeichen und Markierungen einrichtbar sein. Die Lerner/innen sollten zum einen ihre Kommentare, Notizen und Gedanken untereinander teilen und somit voneinander profitieren können, zum anderen auch für die Lehrperson freigeben oder an diese schicken können. Ähnliches gilt für die Lehrpersonen. Es wäre wünschenswert, wenn die Lehrpersonen ihre eigenen Annotationen, Lesezeichen und Markierungen nicht nur an ihre Lerngruppen schicken oder für diese verfügbar machen, sondern diese auch für das Kollegium freigeben könnten. Dabei sollte eine

---

73 Sprachliche Annotationsmöglichkeiten sollten jedenfalls auch unter dem Gesichtspunkt der Barrierefreiheit überprüft werden.

< fnm >

Auswahl getroffen werden können: Es sollte nicht so sein, dass entweder alle oder keine Elemente ausgewählt werden können, sondern einzelne Notizen, Lesezeichen und Markierungen sollen bewusst auswählbar und folglich teilbar sein. Im Sinne des konstruktivistischen Lernens steht der individuelle Lernfortschritt und besonders die individuelle Entwicklung jeder Lernerin und jedes Lerners im Zentrum. (Vgl. Reinmann, 2013) Durch die soziale Komponente eines E-Books könnte diese Individualisierung, das Voneinander-Lernen und -Profitieren realisiert werden. Alle Lerner/innen bringen individuelle Dispositionen und Einstellungen für den Lernprozess mit, die sich auf den Erkenntnisprozess auswirken. Fehler sind nicht per se zu sanktionieren, sondern sichtbares Zeichen des Lernprozesses. Sie zeigen individuelle Bedürfnisse auf und spiegeln den individuellen Lernprozess der Lerner/innen unter Berücksichtigung ihrer Voraussetzungen, Vorerfahrungen und Einstellungen wider. (Vgl. Reinmann, 2013; Schaper, 2007) Dies wieder lässt die Lehrperson eventuell notwendige Interventionen erkennen und umsetzen. Neben dieser konstruktivistischen Komponente ermöglicht das soziale E-Book vor allem auch die Realisierung unterschiedlicher Aspekte des Konnektivismus, der sich ja als „learning theory for the digital age" (Siemens, 2005) versteht und in dem Vernetzung und Knotenpunkte von zentraler Bedeutung sind. Das Lernen erfolgt über die Auswahl, den Aufbau, die Stärkung und Integration sogenannter Knotenpunkte in Netzwerken, die sowohl menschlicher als auch technischer oder organisationaler Struktur sein können. So kann man Wissen generieren, indem man mit Menschen spricht und/oder ihnen zuhört, im Internet sucht, in einem Buch nachschlägt oder Expertinnen und Experten zurate zieht. In einem interaktiven Lehr- und Übungsbuch könnte dies, auf Ebene des sozialen E-Books, über die Vernetzung mit anderen Lernerinnen und Lernern oder der Lehrperson erfolgen, doch auch die unter dem Bereich Navigation angesprochenen Erweiterungen – über Lexika, Wörterbücher und Enzyklopädien beispielsweise – könnten hierzu gezählt werden.

Auf Ebene der Lektürefreundlichkeit sollte ein E-Book individuelle Anpassungen erlauben. So sollte es möglich sein, die Schriftgröße und den Kontrast bzw. die Helligkeit eines E-Books zu ändern. Das erlaubt nicht nur einen gewissen Grad an oder ersten Schritt zur Barrierefreiheit, sondern steigert auch das individuelle Lesegefühl und folglich die Lernerfahrung. (Vgl. Algoet et al., 2011) Der Gewöhnungsgrad an das Lesen elektronisch bzw. digital vorhandener Ressourcen steigert sich zwar kontinuierlich, doch kann noch nicht von einer Durchdringung der Gesellschaft gesprochen werden. Hierzu gibt es auch Studien, die zeigen, dass das Lesen am Bildschirm zu einer niedrigeren Erinnerungsleistung führt, wenngleich groß angelegte Studie noch Forschungsdesiderat sind. (Vgl. Boie, 2014) Zusätzlich zum Ändern der Schriftgröße sollte auch das Zoomen innerhalb des Textes und auf Tabellen, Bildern und Grafiken ermöglicht werden. Die Lerner/innen können so z. B. einzelne Aspekte einer Grafik, einer Tabelle oder eines Bildes genauer betrachten, die Lehrenden können die Konzentration und Aufmerksamkeit der Lerngruppe auf einzelne Aspekte lenken und beispielsweise vom Detail in das Ganze und umgekehrt gehen. Als *Advanced*-Funktion sollte es möglich sein, vom Lesemodus in den Vollbildmodus zu wechseln, was sich beispielsweise beim Einsatz von E-Books auf interaktiven Whiteboards als Vorteil erweisen kann, wenn die Steuerelemente des E-Books aus didaktischen Gründen ausgeblendet werden sollen. Die Umstellmöglichkeit auf einen

< fnm >

Lernmodus könnte ebenfalls dabei helfen, Ablenkungen während der Lernphasen auszuschließen, die beispielsweise durch Benachrichtigungen durch andere Programme auftreten können.

Beim Lesen des digitalen Lehr- und Übungsbuchs gibt es über die genannten Basic-Funktionalitäten hinaus noch weitere Anforderungen, die erfüllt werden sollten, um einen Einsatz zum Lehren und zum Lernen zu gewährleisten, aber in den *Advanced*- Bereich fallen. So sollte das E-Book auch offline lesbar sein, da a) keine hundertprozentige Netzabdeckung vorhanden ist, b) nicht alle Lerner/innen auch zuhause über ein stabiles WLAN verfügen und c) die Problematik des aufgebrauchten Daten-Volumens eine durchaus reale ist. (Vgl. EduGroup, 2015a) Durch diese Offline-Version wäre es möglich, vollkommen ortsunabhängig zu lernen – lediglich der Akkubetrieb und die folglich einzuplanenden Ladezeiten behindern dabei einen völlig zeit- und ortsunabhängigen Lernbegleiter. Die während dieser Offline-Phase gemachten Anmerkungen, Fortschritte etc. müssten beim nächsten Online-Gehen synchronisiert werden. Neben dieser Offline-Version sollte auch eine barrierefreie Version angeboten werden. Dabei sollten unterschiedliche Aspekte der Barrierefreiheit beachtet werden, wie beispielsweise eine Vorlesefunktion oder die Kompatibilität des E-Books mit gängigen Lesegeräten.[74] Streng genommen fällt auch das Einstellen der Schriftgröße und des Kontrastes bereits in diesen Bereich und sollte Beachtung finden. Als *Premium*-Eigenschaften sind auf Ebene des Lesens zwei zu nennen, die mit der Verwendung mehrerer Endgeräte zu tun haben: Zum einen soll aus Gründen der Flexibilität und Unabhängigkeit die (synchrone und asynchrone) Nutzung eines E-Books auf mehreren Endgeräten – z. B. am Computer, am Tablet und am Smartphone – möglich sein; zum anderen sollen diese Endgeräte synchron gehalten werden können, was zum Beispiel den Lesefortschritt, die gesetzten Annotationen, Lesezeichen und Markierungen und auch den Lernfortschritt, also den Fortschrittsbalken der bereits absolvierten Übungen, und die erzielten Resultate betrifft. Es sollte folglich keine Rolle spielen, auf welchem Endgerät das Lehr- und Übungsbuch konsumiert wird, die vorgenommenen individuellen Einstellungen und Personalisierungen sollten auf allen Endgeräten synchron gehalten werden können. Ein Medienbruch sollte vermieden werden, um die Vorzüge des E-Books in Hinblick auf den Einsatz im Mobile Seamless Learning auszunutzen. (Vgl. Lackner & Raunig, 2016; Specht et al., 2013; Wong, 2012; Wong & Looi, 2011)

Was die Verwertbarkeit der einzelnen Inhalte betrifft, so wäre es wünschenswert, einzelne Teile der Lehr-Lernressource ausdrucken oder kopieren zu können, was zu einer Verfügbarmachung und Weiterverwendung der Inhalte in Textverarbeitungsprogrammen u. Ä. führen kann, wie sie im Unterrichtsgeschehen mitunter erforderlich sind.[75] Diese Druck- und Kopierfunktion ist eine Anforderung aus dem Bereich *advanced*, erscheint aber dann besonders wichtig, wenn das digitale Lehr- und Übungsbuch keine interaktiven Elemente enthält. In diesem Fall wird das Drucken oder Kopieren z. B. von Übungsaufgaben oder Arbeitsaufträgen beinahe zur Notwendigkeit. Die für

---

74 Vgl. http://www.barrierefreie-informationskultur.de/2012/06/18/barrierefreies-self-publishing-geht-das/ bzw. http://webkrauts.de/artikel/2013/barrierefreie-dokumente, Stand vom 9.6.2016.

75 Die sich in diesem Zusammenhang aufdrängende Frage des Urheberrechts wird im Abschnitt „E-Books & Didaktik: Erstellung" näher betrachtet.

diese Verwertbarkeit zu beachtenden urheberrechtlichen Aspekte werden in den folgenden beiden Abschnitten näher betrachtet.

Als letzte Anforderungen an eine digitale Lehr- und Lernressource, die unterschiedliche Funktionalitäten bietet, sind eine integrierte Hilfefunktion und die Darstellung der Inhalte in Farbe zu nennen. Die integrierte Hilfefunktion gibt Aufschluss über die unterschiedlichen Funktionalitäten des E-Books, eventuell nicht nur auf formaler, sondern auch auf inhaltlicher Ebene (im Hinblick auf die Strukturierung und Ähnliches). Eine Sammlung von FAQs (Frequently Asked Questions) wäre in diesem Zusammenhang eine mögliche Realisierung der Hilfefunktion. Die Darstellung in Farbe ist zwar wahrscheinlich eher als Anforderung an den Reader zu sehen, sollte aber nicht aus den Augen gelassen werden.

< f n m >

< fnm >

7. E-Books & Didaktik: Erstellung

Für die Erstellung von E-Books gilt – aus einer didaktischen oder mediendidaktischen Perspektive – grundsätzlich das Gleiche wie für die Erstellung analoger oder digitaler Ressourcen für den Einsatz im Lehr- und Lernkontext. Betrachten wir als ein Beispiel das ADDIE-Modell, das aus dem Instructional Design bekannt ist. In diesem Modell werden, wie in Abbildung 22 ersichtlich, unterschiedliche Teilbereiche oder Phasen genannt, die sich durch einen zirkularen und repetitiven Charakter auszeichnen. Am Beginn der Erstellung von Lehr- und Lernressourcen steht, unabhängig von ihrer digitalen oder analogen Form, die Analyse der Rahmenbedingungen (Analysis). Als wichtige Faktoren seien hier die Zielgruppe, die institutionellen Vorgaben in Hinblick auf Gestaltung, Inhalt und formale Aspekte sowie die technischen zeitlichen, räumlichen und infrastrukturellen Voraussetzungen bzw. Gegebenheiten und auch die finanziellen und personellen Ressourcen, die für die Erstellung aufgebracht werden (können), bedacht. Werfen wir einen Blick auf die Zielgruppe, um eine Rahmenbedingung exemplarisch herauszugreifen. Hier sollten Fragen wie die folgenden geklärt werden: Wer ist meine primäre Zielgruppe? Welche Voraussetzungen bringt die angesprochene Zielgruppe mit? Welche Erwartungen bringt die Zielgruppe mit? Wie viele Personen umfasst die Zielgruppe und wie ist die demografische Zusammensetzung (Alter, Bildungsabschluss, Geschlecht etc.)? Erst wenn diese geklärt sind, kann mit der konzeptuellen Phase begonnen werden (Design). In dieser wird – auf Basis der identifizierten Rahmenbedingungen – ein Konzept der Lehr- und Lernressource entwickelt, das in der dritten Phase, der Entwicklung, auch in die Realität umgesetzt und getestet wird (Development). Das bedeutet, dass in dieser Phase Präsentationen und Arbeitsblätter oder Handouts erstellt werden, Skripten verfasst werden, die Arbeitsaufträge für interaktive Übungen verfasst und getestet werden. Auf Basis der Rahmenbedingungen ist in diesem Fall klar, in welcher Sprache die Ressource zu verfassen ist und welche Vor- oder Nebenleistungen mitbedacht oder angeboten werden müssen. Darunter ist beispielsweise das Anbieten eines Glossars gemeint, wenn beispielsweise nicht davon ausgegangen werden kann, dass alle das gleiche terminologische Grundverständnis mitbringen. Auch muss in dieser Phase auf technischer Ebene das Format geklärt sein, in dem Lehr- und Lernressourcen gestaltet werden. In einer vierten Phase findet die Implementierung statt, worunter der Einsatz in der Lehr- oder Lernpraxis zu verstehen ist (Implementation). Man verwendet die Materialien also in einem realen Unterrichts- oder Lehrkontext, mit den Lernerinnern und Lernern, für die man die Lehr- und Lernressourcen – auf Basis der Analyse der Rahmenbedingungen – erstellt hat. In einer abschließenden Phase kommt es zu einer Evaluierung der Lehr- oder Lernressource (Evaluation), die eine anschließende Adaptierung zur Folge haben kann, wenn sich beispielsweise die Rahmenbedingungen ändern oder aber die Evaluierung ergibt, dass nicht alle notwendigen Rahmenbedingungen vorab in Betracht gezogen wurden.

< fnm >

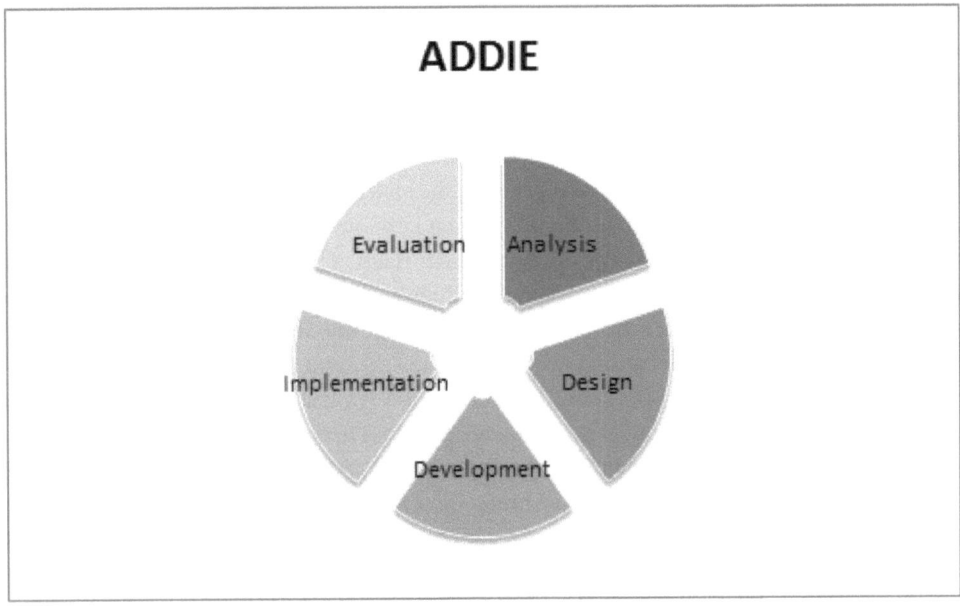

Abb. 22: ADDIE-Modell

Gerade bei der Erstellung digitaler Lehr- und Lernressourcen sind einige Rahmenbedingungen zu berücksichtigen, die im analogen Kontext eine andere oder auch eine untergeordnete Rolle spielen. Gleichzeitig bieten digitale Lehr- und Lernressourcen Möglichkeiten, die in einer analogen Version so nicht möglich wären. Hierzu zählen unter anderem die Barrierefreiheit sowie spezifische urheberrechtliche Aspekte, gleichzeitig aber auch die Verwendbarkeit auf unterschiedlichen und/oder mehreren (mobilen) Endgeräten.

- Barrierefreiheit: Im Bereich der Barrierefreiheit ist die bereits angesprochene Kompatibilität des E-Books mit den gängigen Lesegeräten zu beachten, ebenso sind allgemeine Aspekte der barrierefreien Gestaltung digitaler Artefakte im Auge zu behalten, was schon dabei beginnt, dass die Farben Rot und Grün und ihre Schattierungen in einiger Distanz zueinander (Stichwort: Rot-Grün-Sehschwäche) und Schriftarten möglichst schnörkelfrei verwendet werden sollten.[76]

- Möglichkeit des Hörens: Durch ihren multimedialen Charakter bieten E-Books zum Beispiel die Möglichkeit, Audio-Elemente zu integrieren und damit das E-Book hörbar zu machen. Einzelne Reader bieten auch eine Text-to-Speech-Funktion an, die ebenfalls den

---

76 Siehe dazu den Beitrag http://webkrauts.de/artikel/2013/barrierefreie-dokumente, Stand vom 9.6.2016.

auditiven Kanal anspricht. In der Gestaltung, zum Beispiel auf Ebene der Satzstruktur oder bei der Einbindung von Medien (Stichwort: Alternativtext), sollte darauf geachtet werden, die Sätze so zu formulieren, dass diese hörbare Variante konsumierbar bleibt.

- Raum zur Personalisierung: Wie in einem traditionellen Buch müssen auch in einer digitalen Lehr- und Lernressource Bereiche eingeplant werden, die zur Personalisierung des Buchs dienen können, da diese für die Umsetzung von Lese- und Lernstrategien zentral sind. (Vgl. Algoet et al., 2011) Darunter sind Felder zu verstehen, in die Notizen geschrieben werden können, oder auch Freiräume, in die man Notizen virtuell heften kann.[77] Es kann sich hierbei um einzelne leere Seiten handeln oder auch Notizzettel, die vorgedruckt sind und ausgefüllt werden können.

- Heterogene Soft- und Hardwareanforderungen: Bei der Erstellung ist darauf zu achten, dass die Nutzer/innen des E-Books unterschiedliche (mobile) Endgeräte zum Konsumieren des E-Books heranziehen können. Es kann sich dabei um unterschiedliche Reader-Apps auf unterschiedlich großen Smartphones und Tablets handeln, um Browsererweiterungen in unterschiedlichen Browserversionen und auf unterschiedlich großen Bildschirmen, Desktopanwendungen auf unterschiedlichen Betriebssystemen und auf ebenfalls unterschiedlich großen Bildschirmen, oder aber auch um E-Book-Reader unterschiedlicher Hersteller (mit oder ohne Touch-Bedienung). Wenn man also E-Books erstellt, sollte zum einen auf ein Format geachtet werden, das entweder a) den Bedürfnissen oder Ansprüchen der Zielgruppe gerecht wird, oder b) so offen und flexibel gestaltet ist, dass es in unterschiedlichen Hard- und Softwaresettings funktioniert. Auf diesen Bereich sollte vor allem in der Designphase Rücksicht genommen werden und in der Developmentphase sollten unterschiedliche praktische Tests durchgeführt werden, um Empfehlungen (Reader, App, Browserversion u. Ä.) für den Konsum der interaktiven Lehr- und Lernressource geben zu können.

- Grafische Gestaltung: Die grafische Gestaltung sollte so gewählt sein, dass beim Arbeiten mit dem digitalen Lehr- und Übungsbuch ein Wiedererkennungseffekt einsetzt. Die Nutzer/innen sollen einzelne inhaltliche Abschnitte auf den ersten Blick visuell erfassen können. Darunter fallen zum Beispiel Merksätze, Tipps, weiterführende Materialien, Übungen, Arbeitsaufträge und Ähnliches. Die grafische Gestaltung sollte dabei einheitlich sein und verringerte Konzentrationsfähigkeit sowie Ablenkung durch zu starke oder zu viele Effekte sollte vermieden werden. (Vgl. Kerres, 2012)

- Druckversion: Sollte das Ausdrucken einzelner Elemente, Passagen oder Seiten möglich sein, so ist zu überlegen, ob hierfür eine minimierte oder für den Druck optimierte Version zur Verfügung gestellt wird, wie beispielsweise durch Klick auf einen Druckbutton. (Vgl.

---

[77] Die Notwendigkeit einer Serveranbindung zur Speicherung und Synchronisierung dieser Annotationen und Lesezeichen bzw. das Vorhandensein eines Readers, der das „Merken" von Eingaben (u. a. auch von Ergebnissen in interaktiven Übungen) erlaubt, wurde bereits früher genannt.

< fnm >

Algoet et al., 2011) Hierbei ist besonders zu überlegen, wie mit multimedialen Inhalten, die beim Drucken nicht angezeigt werden können, umgegangen wird. Eine Möglichkeit wäre beispielsweise, den Alternativtext (siehe „Möglichkeit des Hörens") und/oder einen Link auf die eingebundene Ressource einzublenden.

■ Rechtliche Aspekte: Beim Erstellen eines digitalen Lehr- und Übungsbuchs spielt neben dem bereits kurz erwähnten Urheberrecht (§42 UrhG) auch das Recht auf das eigene Bild (§78 UrhG) eine zentrale Rolle. Im Gegensatz zu den traditionell urheberrechtlich besonders geschützten Schul- und Lehrbüchern[78] wäre es wünschenswert, die fertige Lehr- und Lernressource unter einer Creative-Commons-Lizenz[79] als Open Educational Resource zu veröffentlichen. (Vgl. Creative Commons, 2016; Wikipedia, 2016) So ist gewährleistet, dass die Inhalte auch kopiert und von den Nutzerinnen und Nutzern weiterverwendet werden dürfen. Dieser Umstand ist bereits bei der Erstellung und der Auswahl der zu integrierenden Medien zu beachten, da beim Mixen der unterschiedlichen Creative-Commons-Lizenzen auf deren Kombinierbarkeit, also Kompatibilität, zu achten ist.[80]

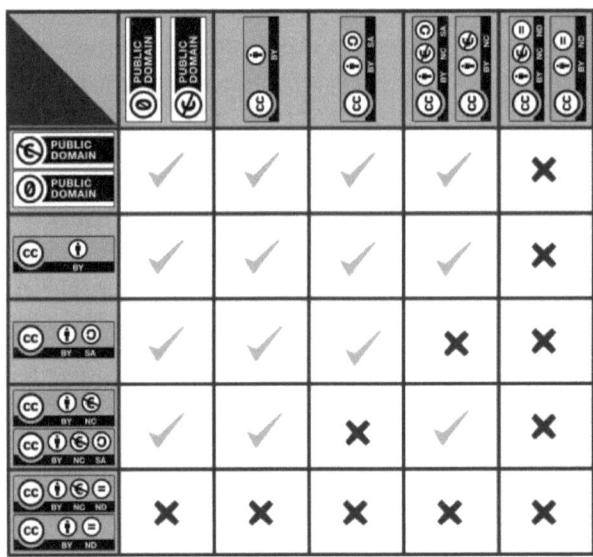

Abb. 23: Lizenz-Kompatibilitätsgraph für das Kombinieren oder Zusammenführen zweier CC-lizenzierter Werke [CC0][81]

---

78 Zur urheberrechtlich relevanten Unterscheidung zwischen Schul- bzw. Lehrbuch und Buch im Allgemeinen siehe Kapitel 8 dieses Handlungsleitfadens.

79 http://creativecommons.org

80 Vgl. http://elearningblog.tugraz.at/archives/7597, Stand vom 9.6.2016. Wünschenswert wäre darüber hinaus die Erstellung des E-Books mithilfe einer Open-Source- und/oder webbasierten Entwicklungsumgebung, was die Weiterbearbeitung der Inhalte erleichtert.

81 Quelle: Von The Sanest Mad Hatter, http://wiki.creativecommons.org/File:CC_License_Compatibility_Chart.png, CC0, https://commons.wikimedia.org/w/index.php?curid=45316409.

- Teamarbeit: Bei der Erstellung ist in vielen Fällen Kollaboration und/oder Arbeitsteilung anzuraten, gerade wenn Lehrende ein E-Book neu erstellen wollen und die Medien hierfür ebenfalls erst erstellt werden müssen.[82] So ist der Einsatz eines Produktionsteams anzudenken, das sich nicht nur die Schreibarbeit teilt oder aufteilt, sondern auch das Erstellen von Videos, Animationen, Bildern und Übungen.[83]

- Aktualisierungszyklen bedenken: Durch das digitale Format ist auch die Wartung des Contents ein zentrales Thema beim Erstellen von E-Books. Ein fertiggestelltes E-Book erhebt – zumindest in den Köpfen einiger Nutzer/innen – den Anspruch, aktuell bzw. leichter aktualisierbar zu sein. Während in traditionellen Lehr- und Übungswerken aktualisierte Auflagen in (un-)regelmäßigen Abständen auf den Markt kommen, besteht beim digitalen Pendant die Möglichkeit, Fehler schneller auszubessern oder Fakten einfacher aktuell zu halten. Auf diesen Umstand sollte bereits beim Erstellen des E-Books geachtet werden.[84] In diesen Bereich fällt auch die Aktualisierung der Metainformationen, wie zum Beispiel die Aktualisierung von Empfehlungen auf Ebene der Hard- und Software, wie im Punkt „Heterogene Soft- und Hardwareanforderungen" empfohlen.

- Hohe Usability: In der Erstellung ist auf eine hohe Usability der Lehr- und Lernressource zu achten, die nicht nur durch die grafische Gestaltung, sondern auch durch die Strukturierung und die zusätzliche Möglichkeit interner Verlinkungen erreicht werden kann. (Vgl. Algoet et al., 2011) Darunter ist unter anderem zu verstehen, dass der Aufbau in einem E-Book so zu wählen ist, dass eine intuitive Bedienung möglich ist. Die Nutzer/innen sollen beispielsweise nicht durch eine umständliche Menüführung abgelenkt werden. So empfiehlt es sich, unterschiedliche Navigationsmöglichkeiten einzuplanen, wie Verweise unter verschiedenen Kapiteln oder Abschnitten (Texte und Inhaltsverzeichnis, Kapitelübersicht, Quellenverzeichnis, Glossar etc.). Zur Steigerung der Usability kann eine integrierte Hilfefunktion dienen, in der Fragen zum E-Book, die sich nicht auf den inhaltlichen Rahmen beziehen, geklärt werden. Auch die Empfehlung einzelner Hard- und Softwarelösungen sollte hier angedacht werden, da eventuell nicht alle technischen Lösungen alle Funktionalitäten in gleicher Weise zur Verfügung stellen.

- Unterschiedliche Kompetenz- und Wissensniveaus: E-Books sind idealerweise All-in-One-Lösungen, was nicht nur die Integration unterschiedlicher Medien- (Text, Bild, Animation, Videos und Tonelemente) und Übungstypen betrifft, sondern auch die Berücksichtigung unterschiedlicher Kompetenz- und Wissensniveaus im Sinne einer Binnendifferenzierung.

---

82 Möchte man bestehende Materialien als E-Book veröffentlichen, so ist jedenfalls zu überlegen, welche Teile sich zum Beispiel für welchen Medientyp eignen, welche Teile als Übungen – und auch hier wieder in welchem Format – umgesetzt werden, und auch die urheberrechtliche Frage ist zu klären. Einen Überblick über verschiedene Videoformate gibt der Beitrag von Lackner (2014).

83 Zur kollaborativen Erstellung von E-Books durch die Lernenden selbst siehe den Abschnitt „E-Books und Didaktik: Gedanken zum Einsatz".

84 Wird das E-Book als bearbeitbare Open Educational Resource veröffentlicht, so kann die Qualitätssicherung durch die Community erfolgen.

< fnm >

(Vgl. Altrichter et al., 2009; Aschemann, 2011; Scholz, 2016) So können bei der Erstellung eines E-Books zum Einsatz im Lehr- und Lernkontext einzelne Abschnitte beispielsweise für Anfänger/innen, Fortgeschrittene und Profis eingebaut und somit die Heterogenität einer Lerngruppe berücksichtigt werden. Ebenso sollten nach Möglichkeit auch unterschiedliche Übungstypen integriert werden, um unterschiedliche Kompetenzbereiche zu trainieren. So sollte beispielsweise keine exklusive Konzentration auf Konzepte wie Multiple-Choice-Überprüfungen oder Lückentexte im Sinne einer Entweder-oder-Lösung, sondern vielmehr eine Sowohl-als-auch-Lösung angestrebt werden.

Eine zentrale Rahmenbedingung, die sich beim Erstellen von Materialien zum Einsatz im Unterricht und in der Lehre zeigt, ist das Urheberrecht, das zwischen wissenschaftlichen Kontexten und Materialien zum Zwecke des Unterrichts und der Lehre unterscheidet. Auf Ebene des Urheberrechts muss somit zwischen Büchern und Schul- und Lehrbüchern unterschieden werden. Für beide Gattungen gelten unterschiedliche Berechtigungen und Einschränkungen.

Aus diesem Grund wurde in der Arbeitsgruppe der Versuch unternommen, Kriterien zu finden, die zur Unterscheidung herangezogen werden können. Als Leitfrage fungierte „Was macht aus einem Buch einen Lehr-/Lernbegleiter?". Lehr- und Lernbegleiter verfolgen demnach ein klar formuliertes Ziel und eine definierte Progression, zeichnen sich durch eine Lernziel- und Kompetenzorientierung aus und verfügen über eine klare Struktur sowie paratextuelle parataktische Elemente wie Glossare oder zusätzliche Erklärungen, Hilfe-Boxen oder Ähnliches. Sie sind an eine bestimmte Alters- oder Zielgruppe angepasst und didaktisch aufbereitet. Zu wichtigen Themenbereichen werden zur besonderen Verdeutlichung Tabellen und Grafiken hinzugefügt. Merkboxen und eingefügte Übungen helfen beim Memorieren und Festigen erlernter Strukturen und Kompetenzen. Bestenfalls sind diese Übungen mit einer direkten Rückmeldung an die Lerner/innen ausgestattet, das Feedback erfolgt direkt und individuell. Struktur und Layout der Lehr- und Lernbegleiter sind ansprechend, klar und verständlich. Dabei bleibt die Rolle der Lehrperson zentral, da das Buch ein Hilfsmittel ist, das u. U. Inhalte eher darstellt denn argumentiert und das der Begleitung durch die Lehrperson bedarf.

Die Unterscheidung zwischen Buch und Schul- bzw. Lehrbuch ist eine intuitiv wahrgenommene und auf den ersten Blick vielleicht klare, doch sollte – um Missverständnisse zu vermeiden – dennoch eine klare Unterscheidung getroffen werden, was im folgenden Abschnitt erfolgt.

< fnm >

8. Schulbuch oder kein Schulbuch? – Das ist hier die Frage! Wann gilt ein Buch als Schul- bzw. Lehrbuch iSd UrhG?

Michael Lanzinger[85]

8.1. Grundproblematik

Wann ist der Mensch ein Mensch?, sang schon Herbert Grönemeyer als Refrain in seinem Song *Mensch* (im gleichnamigen Album aus 2002). Eine ähnliche Frage stellt sich auch im Zusammenhang mit dem Schulbuch, denn das österreichische Urheberrechtsgesetz (fortan: UrhG) erlaubt zwar verschiedene Möglichkeiten der freien Nutzung von an sich urheberrechtlich geschützten Werken in der Wissenschaft und Lehre, nimmt jedoch de facto die Schul- und Lehrbücher davon aus.

Handelt es sich bei dem verwendeten Buch hingegen um kein Schulbuch, so darf es, unter den jeweiligen Einschränkungen der freien Werknutzung nach dem UrhG, auch genutzt werden. Diese Nutzung reicht dann von der Vervielfältigung bis hin zur Zurverfügungstellung, die nunmehr auch digital erfolgen kann. Handelt es sich hingegen um ein Schul- oder Lehrbuch, dann ist gerade diese Nutzung nicht zulässig, man würde also bei einer derartigen Verwendung eine Urheberrechtsverletzung begehen und potentiell (schaden-)ersatzpflichtig werden.

Allerdings sind es gerade jene Bücher, die man wohl auf den ersten Blick als Schul- oder Lehrbücher qualifizieren würde, die gerade jene Inhalte aufweisen, welche in der Lehre am Sinnvollsten verwendet werden könnten. Und gerade diese Inhalte soll man nicht kopieren und/oder verwenden dürfen? Und überhaupt: Schulbücher mögen unter Umständen noch relativ klar als solche erkennbar sein, aber wie steht es mit wissenschaftlichen Werken, die an höheren Bildungseinrichtungen mitunter als Lehrmaterialien verwendet werden? Und angesichts der digitalen Entwicklung im Lehr- und Lernbereich: Wie sind in diesem Zusammenhang eigentlich E-Books zu handhaben?

---

85 Mag. Michael Lanzinger beginnt mit 1.7.2016 seine Tätigkeit als selbstständiger Anwalt in Wels (OÖ) mit einer auf Internetrecht spezialisierten Kanzlei.

< fnm >

8.2. Überblick über die freie Werknutzung im Urheberrecht bezogen auf den Unterricht

Auch wenn man immer wieder etwas von ‚Copyright' oder ‚Fair Use' hört, so stammen diese Begriffe aus dem anglo-amerikanischen Raum und haben sich aus den dortigen Rechtsansichten zum Urheberrecht entwickelt. Daher lassen sie sich auch nur schwer auf die Rechtslage in Österreich umlegen.

In Österreich richten sich das Urheberrecht und damit auch die Möglichkeit der freien Werknutzung nach dem Urheberrechtsgesetz (UrhG), welches zuletzt mit 1. Oktober 2015 (teilweise) erneuert wurde. (Vgl. BGBl 99/2015) Gerade diese letzte Novelle ist durchaus interessant, brachte sie doch wesentliche Änderungen im Bereich der Privatkopie und auch hinsichtlich der freien Werknutzung im Unterricht wurden einige Aspekte neu – und durchwegs positiv – geregelt.

Die freie Werknutzung an sich, sei es an Literatur, Bild-, Film- oder Tonkunst, ist in den §§ 41 bis 59c UrhG geregelt.

Generell ist zu sagen, dass die Urheberschaft an einem Werk, also einer eigenständigen geistigen Leistung, immer der Urheberin/dem Urheber zukommt, ebenso wie die Verwertungsrechte. Während die Urheberschaft (= das Urheberrecht) lediglich vererbt werden kann, steht es der Urheberin/dem Urheber frei, die Verwertungsrechte entgeltlich oder kostenlos, ganz oder teilweise zu übertragen, etwa durch einen Lizenzvertrag. Diese Rechte werden durch die freie Werknutzung beschränkt, für welche die Zustimmung der Urheberin/des Urhebers nicht eingeholt werden muss. Dafür ist die freie Werknutzung an (teilweise) enge Grenzen gebunden, etwa, dass die Nutzung lediglich nicht-kommerziell erfolgen darf oder dass bestimmte Verwendungen auch im Bereich der Wissenschaft und Lehre ausgenommen sind.

Etwa dürfen nach § 42 UrhG zum eigenen und privaten Gebrauch vervielfältigt werden, nach § 42g UrhG zum Zweck des Unterrichts einem bestimmten Nutzer-Kreis zur Verfügung gestellt werden oder nach § 42a UrhG analoge und nun auch digitale ‚Schulkopien' erstellt werden.

Zusammengefasst ist es (nun seit der Novelle) möglich, den Lernenden aus veröffentlichten Werken im Rahmen des Unterrichtes Kopien auf Papier auszuhändigen und überdies auch digitale Kopien auf Lernplattformen zu stellen. Bei diesen veröffentlichten Werken sind jedoch in der Regel die Schulbücher ausgenommen.

8.3. Die Ausnahme für Schul- und Lehrbücher im UrhG

Im Detail betrifft diese Ausnahme vor allem die freien Werknutzungsarten nach

- § 42 Abs 6 UrhG: Vervielfältigung zum eigenen Schulgebrauch ('Schulkopien')
- § 42g und § 56cUrhG: Öffentliche Zurverfügungstellung für Unterricht und Lehre
- § 45 und § 54 UrhG: Freie Werknutzungen an Werken der Literatur; diese Werknutzung ist bei Schulbüchern eingeschränkt auf die Erläuterung des Inhaltes

Allen Bestimmungen gemeinsam ist dabei die Wendung *'die ihrer Beschaffenheit und Bezeichnung nach zum Schul- oder Unterrichtsgebrauch bestimmt sind'*. (Vgl. etwa § 42 Abs 6 UrhG)

Eine Sonderstellung nimmt noch § 59c UrhG ein, da sich dieser mit den Verwertungsrechten an Schulbüchern selbst beschäftigt sowie mit der Verarbeitung von Inhalten in Prüfungsaufgaben.

8.4. Wann gilt ein Buch als Schul- beziehungsweise Lehrbuch?

Die genannte Wendung *'die ihrer Beschaffenheit und Bezeichnung nach zum Schul- oder Unterrichtsgebrauch bestimmt sind'* gibt bereits zwei Aspekte vor, die jedenfalls zu beachten sind. Es kommt nämlich darauf an, ob ein Lehr- oder Schulbuch als solches bezeichnet wird und auch, ob der Inhalt dazu geeignet ist, das Buch als Lehrbuch zu verstehen. Überdies müssen beide Voraussetzungen zugleich vorliegen, um das Buch als Schulbuch im Sinne des Urheberrechtes zu qualifizieren und dadurch als Ausnahme von der freien Werknutzung gelten zu lassen.

Begründet wird dies vor allem bei Schulbüchern damit, dass diese von Verlagen herausgegeben werden, die letztlich wirtschaftlich davon abhängig sind, dass ihre Produkte nicht im großen Stil unter freier Werknutzung kopiert und verbreitet werden. Ob dieser Ansatz des Gesetzgebers noch zeitgemäß ist, ist freilich eine andere Frage.

Ist bei der Bezeichnung nicht klar, ob es sich um ein Lehrbuch handeln soll, so ist auch die konkrete Aufmachung sowie ein allfälliges Vorwort mitzubedenken, um eine Qualifikation vorzunehmen.

Ähnlich ist es auch bei der Beschaffenheit, wo primär darauf geachtet werden muss, ob das Buch pädagogischen Grundsätzen folgt oder sich sogar aus der 'Historie' des Buches ergibt, dass es zwar nun ein wissenschaftliches Nachschlagewerk darstellt, jedoch ursprünglich als Lehrbuch gedacht war. (Vgl. Jaksch-Ratajczak, 2010, 125ff.)

Im Einzelfall ist eine Beurteilung, ob ein Buch als Schul- oder Lehrbuch zu sehen ist und daher von der freien Werknutzung ausgenommen ist, sicher schwierig. Gerade in den Randbereichen bedeutet dies einen gewissen Aufwand, während es zumindest bei den 'klassischen' Schulbüchern klar sein dürfte.

Gerade aber bei Werken, die an höheren Bildungseinrichtungen Verwendung finden, ist die Frage diffiziler, da hier der Hintergrund der Interessen eines Schulbuchverlages fehlt. Im Zweifel sollte

< fnm >

aber trotzdem keine freie Werknutzung an Werken erfolgen, die zwar als wissenschaftliches Werk konzipiert wurden, jedoch faktisch als Lehrbuch verwendet werden. (Vgl. Jaksch-Ratajczak, 2010, 128)

Da die Qualifikation als Lehr- oder Schulbuch auch deren Gebrauch und Bezeichnung abstellt, ist auch das Format kein relevanter Ansatz, wodurch es letztlich irrelevant ist. Daher ist es nicht von Belang, ob das Werk in seinem ‚Ur-Zustand' analog oder digital zur Verfügung steht.

Auch die konkrete Bildungseinrichtung spielt keine Rolle, da die Grundsätze über die Schulen hinaus auf jede Art der Bildungseinrichtung, selbst jene privater Natur, anzuwenden sind.

8.5. Potentielle Konsequenzen bei urheberrechtswidriger Verwendung von Materialien

Die Konsequenz der Nutzung von Werken, die man nach den genannten Gesichtspunkten als Schul- beziehungsweise Lehrbuch qualifizieren muss, ist schnell bei der Hand, da es sich um eine Urheberrechtsverletzung handelt.

Diese löst zwar keine Gefängnisstrafe aus, aber hat meist finanzielle Konsequenzen, da der Rechteinhaberin/dem Rechteinhaber gegen die Urheberrechtsverletzerin/den Urheberrechtsverletzer Schadenersatzansprüche zustehen. Diese reichen von fiktiven Lizenzgebühren bis hin zum Ersatz jenes Gewinnes, der der Rechteinhaberin/dem Rechteinhaber durch die widrige Nutzung entstanden ist.

Wer im konkreten Zusammenhang als Urheberrechtsverletzende/r zu sehen ist, kommt auf den Einzelfall an, in der Regel werden jedoch die jeweilige Bildungseinrichtung und unter Umständen auch die einzelne Lehrperson zur Kasse gebeten werden.

Zwar lässt sich argumentieren, dass nur dort eine Richterin/ein Richter ist, wo man auch eine Klägerin/einen Kläger findet, und die Wahrscheinlichkeit, dass ausgerechnet der eigene Verstoß aufgedeckt wird, sehr gering ist. Allerdings sind diese Ansätze in Zeiten von Web 2.0 und Social Media mehr als löchrig. Nicht nur besteht die Gefahr, dass ein Sharen des Werkes auch ohne Zustimmung oder außerhalb der eigenen Kontrolle erfolgt, Verletzungen im Web lassen sich darüber hinaus wesentlich leichter nachvollziehen als im analogen Bereich.

< fnm >

8.6. CC und OER als Lösung?

Will man hinsichtlich Schul- und Lehrbücher auf Nummer sicher gehen, so sollte man wohl überhaupt keine potentiellen derartigen Bücher verwenden, um sich eine unter Umständen mühsame und unsichere Beurteilung zu sparen. Tatsache ist: Will man freie Werknutzung im Unterricht nutzen, muss man auch mit den Konsequenzen leben können, also dem Urheberrechtsverstoß.

Ein – gewissermaßen kleiner – Umweg ist allerdings in der Lage, etwas mehr Rechtssicherheit zu schaffen. Die Rede ist von Open Educational Resources (kurz: OER; vgl. Wikipedia: OER, 2016), welche der Community, mit den entsprechenden Rechten und Berechtigungen versehen, zur freien Nutzung zur Verfügung gestellt werden.

Typische Lizenzen, unter die OER gestellt werden, sind etwa Creative Commons (CC; vgl. Creative Commons, 2016), die – nach österreichischem Recht – standardisierte Lizenzverträge bilden, die darauf ausgelegt wurden, für Anwender/innen leicht verständlich und anwendbar zu sein. Bei den CC-Lizenzen ist jedenfalls der Name der Urheberin/des Urhebers anzugeben, alles Weitere hängt von der jeweiligen Lizenz ab.

Durch die sechs derzeit vorhandenen CC-Lizenzen ist es etwa möglich, Werke (bearbeitet) weiterzugeben, auch kommerziell zu nutzen oder aber vorzusehen, dass die Weitergabe nur unter gleicher Lizenz erfolgt.

Während etwa CC und OER die freie Werknutzung nicht ablösen (können und wollen), bietet Erstere doch gewisse Vorteile dahingehend, dass gegenüber einer freien Werknutzung eine größere Bandbreite an Verwendung möglich ist und darüber hinaus auch keine Einschränkung für Schul- und Lehrbücher, die eine solche Lizenz verwenden, existiert.

8.7. Fazit

Wenngleich das Urheberrecht und auch die Juristerei selbst mit den Voraussetzungen der Bezeichnung und Beschaffenheit eine gewisse Abgrenzung und Einteilung in Schulbücher und Nicht-Schulbücher möglich macht, ist letztlich keine komplette Rechtssicherheit gegeben. Dies, da es immer auf den Einzelfall ankommt, wenngleich sicher jede Lehrende/jeder Lernende auf Best-Practice-Beispiele der Kolleginnen/Kollegen zurückgreifen können wird.

Leider sind eben gerade jene Bücher, die wohl am Praktischsten wären, mit hoher Wahrscheinlichkeit von der freien Werknutzung ausgeschlossen. Hier empfiehlt es sich dann, auf OER zurückzugreifen und unter Umständen auch, aktiv durch die Erstellung weiterer ‚Community-Materialien' mitzuwirken.

< fnm >

< fnm >

9. Das Schulbuch – obligat oder optional?

Christian Nosko[86]

Medienwirksam behauptete Chris Hughes, Mitbegründer von Facebook, im Jahr 2011: „The textbook is dead. In the next five to seven years, the textbook is no longer going to be the basic building block of education" (NEST, 2011). 2016 ist das Schulbuch nach wie vor ein verbreitetes Unterrichtsmedium, während Sprachlabor, Schulfernsehen und programmierter Unterricht längst in Vergessenheit geraten sind. Tatsächlich wurde das Schulbuch bereits öfter totgesagt (vgl. Schlegel, 2003, 175; Herber & Nosko, 2012) und gerät durch digitale Medien zunehmend in Bedrängnis (vgl. Schönemann & Thünemann, 2010, 7).

Zu Recht gilt es zu hinterfragen, ob das Schulbuch prinzipiell ein Unterrichtsmedium für das 21. Jahrhundert sein kann. Darüber hinaus ist angesichts der Schnelllebigkeit unserer Zeit und der rasanten technischen Entwicklungen zu überlegen, ob ein digitales Schulbuch überhaupt zukunftsweisend ist, das nur mit Hilfe eines Trägermediums (Computer, Smartphone oder idealerweise Tablet) genützt werden kann. Auch wenn diese Fragen derzeit nicht seriös beantwortet werden können, so erleben wir, dass die weltweiten Digitalisierungsanstrengungen nun auch den Bereich des Schulbuchs erreicht haben und die Digitalisierung als eine Entwicklung angesehen werden muss, aus der es, bei aller notwendigen Kritik, keinen Weg zurück gibt.

Es ist nicht von der Hand zu weisen, dass Unterrichtsmittel eine zentrale Funktion im Unterricht einnehmen (vgl. Moser Opitz, 2010, 53). Tyson und Woodward (1989, 14) zeigen auf, dass 75 bis 90 % des Unterrichtsverlaufs dem Schulbuch folgen und vermutlich nur wenige Lehrende von diesen Vorgaben abweichen. Oelkers (2010) geht sogar so weit, Lehrmittel als das „Rückgrat des Unterrichts" zu bezeichnen. Unterricht wird somit wesentlich von der Qualität der Unterrichtsmittel bestimmt.

Zahlreiche Autorinnen und Autoren setzten sich im Lauf der Zeit mit den prinzipiellen Stärken des Schulbuchs auseinander:

Hacker (1980, 7; 16) streicht heraus, welche Entlastung das Schulbuch der Lehrerin bzw. dem Lehrer bietet: Nach der „buchlosen Durststrecke" zu Schulbeginn verhilft das Schulbuch zu einer Strukturierung des Unterrichts.

Eine weitere Stärke ist die strukturierte Darstellung des Schulbuchwissens. Höhne (2003, 81) bezeichnet dieses Wissen als „zielgruppen- und institutionenspezifisch auf eine idealtypisch gedachte

---

86 Mag. Christian Nosko, MSc, Lehrender und Mitarbeiter im Medienzentrum, Bereich Blended Learning, an der Kirchlichen Pädagogischen Hochschule Wien/Krems. Forschungsschwerpunkte: Schulbuchforschung, Lehren und Lernen mit digitalen Medien.

< fnm >

unterrichtlich pädagogische Situation hin strukturiert". Es fungiert einerseits als kontrollierendes Wissen, indem es zur Grundlage der Leistungsbeurteilung gemacht wird, andererseits handelt es sich um kontrolliertes Wissen, das eine konkrete Umsetzung der Lehrplanvorgaben darstellt.

Spachinger (2009, 243-247) nennt eine Reihe von Argumenten pro und contra Schulbuch; u. a. bietet es eine Umsetzung und Konkretisierung des Lehrplans, was bei Rahmenlehrplänen wie in Österreich und den damit verbundenen Fragen der Auswahl, des Reduzierens und des Schwerpunktsetzens auch weiterhin von Bedeutung sein wird. Dabei weist auch er explizit auf die Lotsenfunktion des Schulbuchs (vgl. Bamberger et al., 1998, 22) hin.

Nach Thonhauser (2006, 81-95) verhilft das Schulbuch – mit Vorbehalt – didaktischen Innovationen zum Durchbruch und ermöglicht Schülerinnen und Schülern mit seiner didaktischen, schülerorientierten und altersgemäßen Aufbereitung individuelles und selbstständiges Lernen.

Das Schulbuch weist demnach zahlreiche Eigenschaften auf, die andere Medien, wie beispielsweise das Internet, nicht bieten. Die für den Unterricht wesentlichen Funktionen behalten Schulbücher auch bei, wenn sie nicht in Buchform, sondern auf einem Tablet verfügbar sind. Sollten manche Medien, wie Kahlert (2012, 3) das anschaulich beschreibt, wegen Überalterung oder umständlicher Handhabung in den Abstellkammern der Schulen landen – das digitale Schulbuch wird davon nicht betroffen sein. Vielmehr wird sich sein Status weg vom Leitmedium des Unterrichts hin zu einem spezifischen Medium mit Lotsenfunktion verändern. Demzufolge steht nicht die Frage „Klassiker oder Auslaufmodell" (Schönemann & Thünemann 2010, 7) bzw. obligat oder optional im Vordergrund, sondern die optimale Gestaltung eines digitalen Schulbuchs zum möglichst lernförderlichen Einsatz im Unterricht. Das digitale Schulbuch hat die Chance, die Stärken des gedruckten Schulbuchs zu bewahren und es gleichzeitig um das Potenzial digitaler Medien zu erweitern.

< fnm >

10. E-Books & Didaktik: Gedanken zum Einsatz

Nach Michael Lanzingers notwendiger Unterscheidung zwischen Buch und Lernbegleiter (oder Schul-/Lehrbuch) und Christian Noskos allgemeinen Betrachtungen zum Schulbuch, seiner Notwendigkeit und möglichen Ausgestaltung bleiben zwei Fragen offen:

1. Was sind die Stärken und Schwächen des interaktiven (digitalen) Lehr- und Übungsbuches im Vergleich zur analogen Ausführung?

2. Welche Einsatzszenarien ergeben sich für digitale Lernbegleiter und welche Punkte, Rahmenbedingungen und Aspekte müssen bedacht oder berücksichtigt werden?

Der Beantwortung dieser beiden Fragen soll der folgende Abschnitt gewidmet sein, in den insbesondere die Ergebnisse des Arbeitsgruppentreffens im Dezember 2015 eingeflossen sind. Diese werden in einer eher erzählenden Weise zusammengefasst. Wo die Beiträge von Christian Nosko oder Michael Lanzinger bereits Antworten auf offene Fragen liefern konnten, wird auf die beiden Gastautoren verwiesen.

10.1. Analoge oder digitale Lernbegleiter?

Betrachtet man unterschiedliche didaktische Dimensionen, die bei der Erstellung und beim Einsatz eines E-Books zu berücksichtigen sind, so stechen einige zentrale Teilbereiche wie das Urheberrecht oder Argumentationslinien ins Auge, wie sie von Gegnerinnen und Gegnern oder Befürworterinnen und Befürwortern in Diskussionen wiederholt gerne vorgebracht werden. Als eine zentrale Entscheidungsgrundlage für oder gegen die digitale Version eines traditionellen Buches wurde die Frage des „Besitzen-Wollens" genannt. Es mache einen Unterschied, ob man ein Buch aus Interesse oder aus professionellen Gründen für die Universität, die Ausbildung, die Schule oder die Lehre kaufe. Die Kaufentscheidung werde maßgeblich durch das Coverbild beeinflusst, was zur Bevorzugung der analogen Variante gegenüber der digitalen führen kann. Am Beginn soll es deshalb darum gehen, Argumente für und gegen digitale bzw. analoge Lehr- und Lernbegleiter zu finden und zu sammeln.

10.1.1. Digitale Lehr- und Lernbegleiter

Für digitale Lehr- und Lernbegleiter spricht der allgemeine Komfort, den sie beim Lernen und Lehren durch beispielsweise eine Suchfunktion und das geringere Gewicht bieten. Darüber hinaus lassen sich sehr viel mehr Materialien komfortabel mitnehmen – man muss nicht darüber nachdenken, welche Werke man einpackt, da sie durch das handliche Format eines E-Readers oder einer Reader-App auf einem ohnehin eingepackten Tablet-PC bestechen. Sie zeichnen sich aber auch durch eine hohe Flexibilität aus: Sie sind überall verfügbar, Übungen können zeit- und ortsunab-

< fnm >

hängig wiederholt werden, wobei die Wiederholungen nicht begrenzt sind und das Feedback ohne großen Zeitabstand auf die Erledigung der Arbeit folgt. Zudem fördern sie das selbstgesteuerte Lernen, da Lerner/innen nach ihren eigenen Bedürfnissen lernen, wiederholen und ihren Lernfortschritt überprüfen und für sich und die Lehrperson auch besser dokumentieren. Auch das Bestellen und ‚Abholen‘ der E-Books funktioniert zeit- und ortsunabhängig, man ist sozusagen mit der Bibliothek oder dem Buchladen direkt verbunden und somit unabhängig von Öffnungszeiten. Darüber hinaus können interaktive Lehr- und Lernbegleiter, so ihre Konzeption dies vorsieht, als adaptive Lernsysteme erstellt sein, was bedeutet, dass sich die Komplexität und Schwierigkeit der Übungen mit dem Lernfortschritt der Lerner/innen steigert. So lassen sie sich innerhalb und außerhalb des Unterrichts einsetzen. Betrachtet man die unterschiedlichen Ausbaustufen interaktiver Lehr- und Lernbegleiter, so wären auch Peer-Feedback und Lerngemeinschaften, also das kollaborative Lernen in und von der Gruppe, sowie eine Reaktion der Lehrperson möglich, die – über Learning Analytics beispielsweise – Informationen über den Lernfortschritt und/oder die Lerngewohnheiten ihrer Schüler/innen bekommen kann. So könnte es Rückmeldungen über erledigte Übungen, den Zeitpunkt der Erledigung und auch den Grad der Lernzielerreichung geben.

Gegen digitale Lehr- und Lernbegleiter spricht hingegen die Geräteabhängigkeit und damit verbunden die Kurzlebigkeit einzelner Technologien und Formate. Darüber hinaus ist der Sicherheitsaspekt ein akuter, wenn man an die Speicherung der Bücher in der Cloud und folglich den Zugriff auf und das Verwalten der eigenen Daten in ebendieser denkt. Je nach Anbieter ist man in seiner Auswahl eingeschränkt, will man digitale Lehr- und Lernbegleiter in einer (größeren) Lerngruppe einsetzen, und ist auf einen Bring-your-own-device-Ansatz angewiesen; hierbei kann die Heterogenität der eingesetzten Hard- und Software zu Problemen führen. Auch die mangelnde Infrastruktur (beispielsweise schwaches oder fehlendes WLAN) sowie die oft eingeschränkte Möglichkeit, einzelne Passagen und Seiten auszudrucken, oder umständliche Wege, die beim Markieren einzelner Passagen gegangen werden müssen, sind für den Einsatz im Lehr- und Lernsetting hinderlich. Der Umstand, dass das Lesen am Bildschirm für viele noch ungewohnt ist, kommt erschwerend hinzu. Vielmehr noch ist gerade auch der Einstiegsaufwand ein höherer: Die technische Hürde muss in diesem Zusammenhang erst genommen werden, ebenso die eigenen Gewohnheiten angepasst. Lerner/innen haben eigene Präferenzen in der Gestaltung ihres Lernprozesses. Diese Präferenzen müssen erfüllt oder alte Gewohnheiten abgelegt werden. Jedenfalls gilt es, sich an neue Gegebenheiten anzupassen, was Stress auslösen kann. Schließlich kann auch der schnelle Aktualisierungsrhythmus zu Problemen führen, wenn man auf ältere Versionen zurückgreifen möchte, die infolge laufender Aktualisierungen nicht mehr vorhanden sind. Dies kann zu heterogenen Ausgaben innerhalb eines Klassenverbandes oder einer Gruppe von Lernerinnen und Lernern führen, was im Unterrichts- und Lehrbetrieb bedacht werden muss. Auf einer ökonomischen Ebene können „gebrauchte" Lehr- und Lernbegleiter nicht weiterverkauft werden – wenn beispielsweise eine Prüfung erfolgreich absolviert worden ist. Auch die Weitergabe von Schul- und Lehrbüchern unter Geschwistern oder innerhalb der Peer Group ist nicht möglich.

< fnm >

10.1.2. Analoge Lehr- und Lernbegleiter

Für analoge Lehr- und Lernbegleiter spricht in diesem Zusammenhang die Unabhängigkeit von Stromquellen und Lesegeräten, die dauerhafte Verfügbarkeit unterschiedlicher Versionen/Ausgaben eines Buches, die vergleichend gelesen werden können, sowie deren Beinahe-Unverwüstlichkeit. Darüber hinaus sprechen das haptische Moment sowie die Möglichkeit, das Buch weiterzuverkaufen oder zu verborgen, für die analoge Version. Es entspricht folglich den subjektiven Bedürfnissen und antrainierten Gewohnheiten zahlreicher Leser/innen. Beim Nachschlagen von Vokabeln in Wörterbüchern werden – wie in Kapitel 6 beschrieben – mehrere Vokabel gleichzeitig gelernt, nicht nur das ursprünglich gesuchte (Stichwort: inzidentelles Lernen). Der Lernprozess ist ein anderer, der Lernerfolg wird nebenbei ausgeweitet. Das analoge Buch wird gekauft oder ausgeliehen, dieser Prozess wird nachvollzogen, nicht jedoch die Lesegewohnheiten, die Notizen oder sonstige vorgenommene Personalisierungen. Das Buch geht beim Kauf in den Besitz der Leserin bzw. des Lesers über, Markierungen bleiben erhalten, solange das Buch erhalten ist. Datenschutzrechtlich wird weder der Leseprozess noch der Annotierprozess getrackt.

Gegen analoge Lehr- und Lernbegleiter spricht das Gewicht der einzelnen Bücher, die eingeschränkte Einsatzmöglichkeit oder Vernetz- bzw. Verknüpfbarkeit mit digitalen Medien und die oftmals fehlende Aktualität der Inhalte infolge längerer Aktualisierungswege. Auch die Verfügbarkeit in Bibliotheken oder Buchhandlungen kann zu Problemen führen: Man muss zum einen die Öffnungszeiten der Bibliotheken und Buchhandlungen beachten, zum anderen dürfen die Bücher gerade nicht entlehnt sein. Will man sie bestellen, müssen sie ebenfalls verfügbar sein und die Dauer der Zustellung muss abgewartet werden. Infolge der Beschaffenheit und Struktur von Buchseiten lassen sich Übungen in einem Lehr- und Schulbuch nur einmal ausfüllen. Will man sie mehrmals ausfüllen, muss man einen Medienwechsel und somit Medienbruch vornehmen (vgl. Specht et al., 2013). Notizen und Übungen können auf einem Block oder in einem Heft parallel zum Buch (wiederholt) gemacht werden.

10.2. Didaktische Anforderungen

Was didaktische Anforderungen angeht, die wir an digitale Lehr- und Lernbegleiter stellen, so stehen Interaktivität und Multimedialität an erster Stelle. Hinsichtlich der Interaktivität muss zwischen unterschiedlichen Wahrnehmungen des Begriffs unterschieden werden – zum einen die Möglichkeit, sofort und individuell Rückmeldungen auf Übungen zu bekommen, die auch mehrmals durchgemacht werden können, zum anderen die Möglichkeit, mit anderen Lernerinnen und Lernern gemeinsam, vernetzt zu lernen. Darüber hinaus spielt das Layout bzw. die grafische Gestaltung eine zentrale Rolle, etwa das Vorhandensein von Merksätzen, Checkboxen und ähnlichen Elementen, die auch in analogen Lehr- und Lernbegleitern fixer Bestandteil sind. Darüber hinaus spielt der rote Faden, sowohl auf inhaltlicher wie auch auf formaler, also gestalterischer Ebene, eine Rolle.

< fnm >

10.3. Funktionen von Lehr-/Lernbegleitern

Auf funktionaler Ebene lassen sich Lehr- und Lernbegleiter – in diesem Fall spielt der Unterschied zwischen digital und analog keine Rolle – zu unterschiedlichen Zwecken einsetzen. Sie bilden zum einen das Curriculum bzw. den Lehrplan und liefern den „Lernstoff" in kleinen, strukturierten Happen. Sie stellen zum anderen Ideen für Arbeitsaufträge und didaktische Szenarien bereit, sind Aufgabensammlungen oder Vorlagen für beispielsweise Rollenspiele und können unterschiedliche Lerntypen bzw. Lernniveaus ansprechen. Darüber hinaus sind sie eine wichtige Lerngrundlage, die einen allgemeinen Syllabus festlegt, was als eine Art der Qualitätssicherung angesehen werden kann, da gerade in der mündlichen Vortragssituation des Unterrichts oftmals situationsspezifisch individuelle Schwerpunkte gelegt werden. Gerade wenn Parallelgruppen gemeinsam unterrichtet werden, ist das Moment der „Gleichschaltung" und somit die gleiche Basis für die Wiederholung von Inhalten relevant. Darüber hinaus können sie als eine Ergänzung des Unterrichts mit zusätzlichen oder vertiefenden Schwerpunktsetzungen gesehen werden. Jedenfalls liefern sie Struktur und können als roter Faden gesehen werden, indem sie quasi eine schriftliche Zusammenfassung dessen, was gemacht wurde, sind. Sind in ein interaktives Lehr- oder Lernbuch Übungen integriert, die auch Feeback auf die Lernleistungen geben, kann es zu einer Entlastung der Lehrperson kommen. Für die Lerner/innen kann dieses unmittelbare Feedback eine Möglichkeit sein, die Motivation im Lernprozess zu erhalten. Ein ansprechend gestaltetes interaktives Lehr- und Lernbuch kann gleichzeitig auch Spaß oder Lust am Lernen machen, genauso wie ein eintöniges Lehr- und Lernbuch den Spaß und die Motivation gegebenenfalls bremst.

10.4. Einsatzszenarien

Der Einsatz von digitalen bzw. analogen Büchern im Lehr- und Lernkontext kann unter unterschiedlichen Gesichtspunkten erfolgen. Sie können als Basis eines Flipped Classrooms verwendet werden, wenn die inhaltliche Vorbereitung auf den Unterricht außerhalb des Seminarraums passiert, die Präsenzeinheit jedoch zur diskursiven Auseinandersetzung mit dem Thema genützt wird. Lehr- und Lernbegleiter können als Hörbücher vorliegen, dienen als Quelle oder Anleitung für Übungen. Sie können unterschiedliche mediale Formen (z. B. Bild, Ton, Video) miteinander verknüpfen und in ihrer digitalen Ausprägung insofern einen Mehrwert besitzen, als sie zum Beispiel beim Spazieren oder Autofahren vorgelesen werden und somit zeit- und ortsunabhängig sowie unter Berücksichtigung unterschiedlicher Wahrnehmungskanäle eingesetzt werden können. Für den Sprachunterricht können direkt in das Buch – neben textuellen Elementen – auch Ausspracheübungen integriert werden, die im Sinne einer Hilfefunktion nicht nur die richtige Aussprache vorexerzieren, sondern auch Erklärungen integrieren und Tipps und Tricks liefern. Übungen können folglich angeleitet werden. Auch der Vergleich verschiedener Schulbücher kann im Unterricht und in der Lehre einen Mehrwert mit sich bringen, da die Darstellung und Aufbereitung ein und desselben Inhalts unterschiedlich ausfallen kann (auf Ebene der Gestaltung, des Inhalts, aber auch der Progression). Schließlich kann das Schulbuch als Quelle, als Nachschlagewerk in den Unterricht integriert werden.

< fnm >

E-Books lassen sich also im Lehr- und Lernkontext auf traditionelle und innovative Weise einsetzen – je nachdem, welche Funktionalitäten sie beinhalten bzw. die Reader oder Apps erlauben. Dabei können mit E-Books durchaus neue didaktische Wege beschritten, jedoch auch traditionelle Methoden realisiert werden. Was nun den konkreten Einsatz digitaler Lehr- und Lernressourcen im Lehr- und Lernkontext betrifft, so sei zunächst auf die am Beginn dieses Leitfadens (Abschnitt „Abgrenzung") vorgenommene Abgrenzung zum traditionellen Buch, zum PDF und einer Lernplattform verwiesen. E-Books sind in sich abgeschlossene und linear strukturierte Einheiten, also sozusagen Informationspakete oder Lernobjekte, die klare Grenzen haben, in die aber multimediale und interaktive Elemente eingebunden werden können, die den Lehr- und somit Lernprozess befördern können. Das E-Book ist somit eine Lehr- und Lernressource unter vielen, die thematische Einheiten in mehr oder weniger kleinen Happen in einer ansprechenden Aufbereitung zur Verfügung stellt. Gleichzeitig können E-Books auch mobil genutzt werden, was bei Lernplattformen und den auf diesen vorhandenen Lernressourcen nicht immer der Fall ist.

Das E-Book bietet sich insofern für den Einsatz im Lehr- und Lernkontext an, als Wissenserwerb und -überprüfung in einem Dokument Platz finden. Die Lehrenden und Lernenden brauchen nicht mehr an CD, DVD und zusätzliche Onlineübungen, die das Buch ergänzen und z. B. vom Verlag zur Verfügung gestellt wurden, zu denken, um diese parallel in den Unterricht einzubauen, sondern finden alle Ressourcen und Medientypen direkt in einem Dokument vor – eben dem E-Book als digitaler Lehr- und Lernressource.[87] Videos, Animationen und Simulationen, die komplexe Handlungsabläufe oder auch die Zusammensetzung von Molekülen, die Wirkungsweise von Maschinen, Bewegungsabläufe oder Ähnliches visualisieren, können direkt aus dem E-Book heraus angesehen werden und zu einem späteren Zeitpunkt als Wiederholung erneut betrachtet werden. Für den Fremdsprachenunterricht könnten beispielsweise Tonspuren zur korrekten Aussprache eingebunden werden, die zu Hause als Übung wiederholt angehört und nachgesprochen werden können, um zusätzliche Übungsmöglichkeiten anzubieten. Wie bereits erwähnt, ist es ebenso denkbar, Materialien und Übungen für unterschiedliche Wissens- und Kompetenzniveaus – also unterschiedliche Schwierigkeitsgrade – einzubauen, wie dies auch in traditionellen Schulbüchern der Fall ist. Darüber hinaus darf aber nicht vergessen werden, dass das digitale Lehr- und Übungsbuch eine Ressource unter vielen ist und ebenso wie das gedruckte Buch kein Wundermittel für guten Unterricht darstellt. Zwar ist es möglich, die digitale Ressource – wie in diesem Leitfaden unter „das soziale E-Book" zusammengefasst – auch zum Austausch unter Lernenden zu verwenden, indem beispielsweise Annotationen, Lesezeichen oder Markierungen geteilt und somit ausgetauscht werden können, was zu einer stärkeren Vernetzung der Lernenden untereinander im Sinne des Social Learning führen kann.[88] Ist ein Teilen auch mit der Lehrperson möglich, so ist eine Vernetzung auf

---

87 Es ist auch möglich, in Videos und Animationen interaktive Übungen zu integrieren, wie sie beispielsweise Josef Wachtler und Martin Ebner (Wachtler & Ebner, 2014) beschreiben.

88 An dieser Stelle sei auf den von George Siemens geprägten Konnektivismus als Lerntheorie des digitalen Zeitalters, wie Siemens (2005) selbst in einem Artikel schreibt, verwiesen. Dass das Fehlen einer Teilen-Funktion als Hinderungsgrund für den Einsatz von digitalen Lehr- und Lernressourcen gesehen wird, zeigt der Beitrag „10 Reasons Why Students Aren't Using eTextbooks": http://www.onlineuniversities.com/blog/2012/06/10-reasons-why-students-arent-using-etextbooks/, Stand vom 9.6.2016.

< fnm >

mehreren Ebenen möglich, was wiederum erlaubt, Musterlösungen und Ähnliches bereitzustellen. Man sollte aber nicht vergessen, dass es Plattformen wie etwa soziale Netzwerke oder Lernmanagementsysteme gibt, die speziell für diesen Austausch konzipiert sind und somit gemeinsam mit der digitalen Lehr- und Lernressource in Lehre und Unterricht eingesetzt werden können.[89]

So ist beispielsweise auch das Bereitstellen von Selbstüberprüfungen innerhalb eines E-Books aufgrund des sofortigen Feedbacks und der Wiederholbarkeit der Übungen durchaus wünschenswert und anzustreben, gewertete Tests und Lernzielüberprüfungen zur Einbeziehung in eine Beurteilung/Benotung sollten jedoch separat auf dafür vorgesehenen Plattformen vorgenommen werden.[90] Aus didaktischer Sicht ist ein Fortschrittsbalken innerhalb einer Lehr- und Lernressource durchaus wünschenswert, was in einem E-Book prinzipiell realisierbar wäre. Die Lernenden sind damit immer am Laufenden, welche Abschnitte sie bereits bearbeitet haben und (wie bei einer To-do-Liste) welche noch fehlen. Aufbauend auf diese Fortschrittsbalken könnten auch Zusammenfassungen im E-Book aktiviert werden, wie beispielsweise in traditionellen Lehr- und Lernbüchern, wo an einzelnen Stellen Bilanz gezogen werden kann über den bisherigen Lernerfolg und eine Auto-Evaluation der erreichten Lernziele erfolgen soll.[91]

Eine Erleichterung für den Lehr- und Lernprozess ist jedenfalls auch die mögliche Integration von Lexika, Enzyklopädien und anderen Nachschlagewerken (zum Beispiel Formelsammlungen), die gelenkte Recherchemöglichkeiten anbieten, aber auch durch weitere Recherchen im Internet ergänzt werden können. Sind Nachschlagewerke integriert und eventuell auch offline abrufbar, lassen sich die E-Books im Sinne der Zeit- und Ortsunabhängigkeit praktisch überall und jederzeit einsetzen.[92]

Durch die mögliche Vielfalt der Inhalte (unterschiedliche Medien- und Übungstypen bzw. Berücksichtigung unterschiedlicher Niveaus) können nicht nur mehrere Lerntypen, sondern auch zusätzliche Kompetenzen innerhalb eines Lehr- und Lernmittels angesprochen werden. Neben dem Fachwissen kann so beispielsweise auch die Sozialkompetenz trainiert werden, wenn eine Anbindung an soziale Netzwerke oder Lernplattformen möglich ist. Durch die unterschiedlichen Übungstypen

---

89 So würde auch das Erstellen von Lernpfaden, die auf die Nutzer/innen abgestimmt sind, eher auf einer Lernplattform oder einem Personal Learning Environment erfolgen, wo einzelne E-Books zum Erreichen einzelner Lehr- und Lernziele bereitgestellt werden. Dabei können individuelle Bedürfnisse der Lernenden ebenso berücksichtigt werden wie Vorwissen, spezifische nationale oder regionale Voraussetzungen und Ähnliches.

90 Um zum Beispiel Passagen oder Übungen aus der digitalen Lehr- und Lernressource innerhalb einer Lernplattform diskutieren zu können, ist es jedoch notwendig, dass Teile des E-Books referenzier- oder kopierbar und somit in die Lernplattform einfügbar sind, was urheberrechtlich abzuklären ist, wie bereits im vorangehenden Abschnitt betont wurde.

91 Die Aufzeichnung der individuellen Lernergebnisse bzw. das persönliche Nachverfolgen des eigenen Fortschritts kann auch für die Lehrperson ein wichtiges Feedback darstellen, wenn es um die Lesegewohnheiten der Lerngruppe geht. Schwierigkeiten könnten beispielsweise durch das Nachvollziehen der Ergebnisse bei Übungen erkannt und im Unterricht thematisiert werden. Inwiefern ein derartiges Tracking datenschutzrechtlich möglich und umsetzbar ist, bleibt offen.

92 Diese Einschränkung gilt nur, bis eine flächendeckende WLAN-Netzabdeckung oder mobile Datenverbindung vorhanden ist.

wird auch die Methodenkompetenz gesteigert. Gerade wenn beispielsweise eine Darstellung über ein Interactive Whiteboard möglich ist, können Drag-&-Drop-Elemente durch die haptische Steuerung in den Unterricht insofern einfließen, als die Lernenden zur Bewegung angeregt werden, indem man sie ans Whiteboard kommen lässt, um die Übungen auszuführen.

Wie bereits im Abschnitt zu Booktype angesprochen, lassen sich E-Books von den Lernenden auch zur Erstellung von Abschlussarbeiten oder Abschlussartefakten heranziehen. Das E-Portfolio eines Kurses wird nicht auf einer E-Portfolioplattform, sondern als E-Book herausgegeben, was kollaborativ oder individuell passieren kann. Die Lerner/innen erstellen damit ein fertiges Produkt, das nicht nur im subjektiven Empfinden einen echten Produktcharakter hat und über Plattformen auch anderen zugänglich gemacht werden kann, sofern gewisse Rahmenbedingungen wie etwa das Urheberrecht beachtet wurden.[93] Durch die Erstellung des E-Books und das Beachten diverser Rahmenbedingungen werden die Lernenden nicht nur fachlich geschult, sondern entwickeln auch weitere Fertigkeiten auf sozialer Ebene und auf Ebene der Methoden- und Medienkompetenz, die für das spätere berufliche Leben zentral sein können. Einen zusätzlichen Anreiz bietet der Umstand, eine eigene Publikation erstellt zu haben, für die eine ISBN beantragt werden kann und die darüber hinaus durch die haptische Handhabung ein anderes subjektives Erleben erlaubt als beispielsweise ein E-Portfolio.[94]

Eine derzeit bereits real umsetzbare Einsatzmöglichkeit, die sich aufgrund der wachsenden Archive für den Literaturunterricht ergibt, ist die Verwendung von E-Books zum Lesen von klassischer Literatur, die früher in Klassen- oder Gruppenstärke gekauft wurde, um an die Lernenden verliehen zu werden. Diese Werke können nun digital konsumiert werden, wobei beispielsweise Kindle die Möglichkeit bietet, literarische Werke, die infolge des erloschenen Urheberrechts in die Public Domain eingegangen sind, gratis herunterzuladen und zu lesen. Dabei bietet die Kindle-App oder der Kindle-Reader die Möglichkeit der Annotation, der Markierung und des Setzens von Lesezeichen. Die Leser/innen können in den hinterlegten Wörterbüchern nach schwierigen Wörtern suchen und haben zudem die Möglichkeit, ihre eigenen Notizen auf mehreren Endgeräten synchron zu halten. Gleichzeitig ist es möglich, mehr als nur ein Buch in der Cloud und somit „dabei" zu haben. Will man diese Bücher zitieren, ergibt sich noch einiges an Schwierigkeiten, da Seitenzahlen fehlen.[95]

---

93 Zusätzlich macht auch das Vorhandensein einer Versionskontrolle und einer abgestuften Rechtehierarchie beim Zusammenarbeiten an einem gemeinsamen E-Book durchaus Sinn. Nicht nur das Wiederherstellen einzelner Versionen ist wünschenswert, sondern auch die Möglichkeit, den Kollaborierenden unterschiedliche Rollen zuzuweisen. Wer darf das E-Book löschen? Wer darf es bearbeiten? Wer darf es lesen? Wer darf kommentieren?

94 Dieser Publikationscharakter ist auch als großer Unterschied zum Erstellen einer Wiki beispielsweise zu nennen. Darüber hinaus wird durch die E-Ink-Technologie ein angenehmes Leseerlebnis ermöglicht.

95 Einige Lösungen werden bereits für das Zitieren aus Kindle-Versionen angeboten. Vgl. http://blog.apastyle.org/apastyle/2009/09/how-do-i-cite-a-kindle.html und http://de.wikihow.com/Ein-Kindle-eBook-zitieren, Stand vom 9.6.2016.

< fnm >

< fnm >

11. Fazit

Welche didaktischen Anforderungen stellen wir nun an digitale Lehr-/Lernbegleiter? Zusammenfassend lässt sich festhalten, dass interaktive Möglichkeiten ein zentrales Merkmal darstellen, um den Lernprozess auszulösen und zu fördern. Die Rückmeldungen an die Lerner/innen sollen sofort und individuell erfolgen, was zu einer Entlastung der Lehrperson führen kann. Innerhalb des digitalen Lehr-/Lernbegleiters werden einzelne Themen selektiv aufgearbeitet, Übungen können wiederholt durchgeführt werden. Eine Individualisierung des Lernprozess kann hierdurch und durch die Integration externer Inhalte, die eine multimediale Lehr- und Lernerfahrung ermöglichen, erfolgen. Durch die Berücksichtigung heterogener Lerngruppen und eine in analogen Schul- und Lehrbüchern fehlende, in digitalen Lehr- und Lernbegleitern aber integrierbare Hilfe- oder Supportfunktion kann die Lehrperson ebenfalls entlastet werden. Inhaltliche Fragen können in einem Forum durch die Peer Group beantwortet werden, durch den Austausch mit Kolleginnen und Kollegen wird gleichzeitig der Kompetenzerwerb um personale, soziale und methodische Kompetenzen erweitert. Um ein lernförderliches Setting aufbauen zu können, müssen Layout und Struktur auf Basis didaktischer Entscheidungen gewählt werden. Redundanz und Wiederholung – beispielsweise durch Merksätze und Merkboxen – sind von allgemeiner Bedeutung, wie auch die Ausführungen zum Behaviorismus verdeutlicht haben. Dabei muss ein roter Faden – sowohl auf inhaltlicher, als auch auf formaler Ebene – erkennbar sein. Zusätzlich sind klare Voraussetzungen zu schaffen, ein entsprechendes und ansprechendes Niveau muss vorhanden sein bzw. eingehalten werden.

In den Ausführungen sind in erster Linie die verschiedenen Möglichkeiten für die Erstellung und Gestaltung von E-Books, aber auch die Grenzen klar geworden, die sich in unterschiedlichen Bereichen einer Realisierung von Lehr- und Lernressourcen als E-Book entgegenstellen (unausgereifte bzw. fehlende Technologien, fehlende Standards, mangelnde Unterstützung auf Endgeräten, zu ambitionierte Erwartungen oder didaktische Vorhaben, organisatorische Probleme, Zeit- und finanzieller Bedarf etc.). Zumindest wurden die angesprochenen Wege und Hindernisse theoretisch umrissen – nun kommt es selbstverständlich darauf an, sich selbst an die Erstellung eines E-Books zu machen und die unterschiedlichen Möglichkeiten auszuprobieren und die individuell geeignete Herangehensweise (unter Berücksichtigung spezifischer Rahmenbedingungen – je nach Institution, Zielrichtung, Kontext) zu finden. Gerade in einem derart rasanten Entwicklungen unterworfenen Bereich wie digitalen E-Books bleibt es jedoch ein zentrales Erfordernis, am Ball zu bleiben und neu verabschiedete Standards zu beobachten, neue und aktualisierte Reader zu prüfen, nach Autorenwerkzeugen Ausschau zu halten und didaktische Potenziale zu erkennen.

E-Books sind jedenfalls nach wie vor weit davon entfernt, ein didaktisches Allheilmittel zu sein, aber sie haben ein Potential, das sie von anderen Lehr- und Lernressourcen abhebt. Dies (und die technische Realisierbarkeit von E-Books) differenziert einschätzen zu können, ist das zentrale (und hoffentlich erfüllte) Ziel dieses Leitfadens.

< fnm >

Literaturverzeichnis

Algoet, C., Lerinckx, D. & Vandooren, F. (2011). *Using mobile devices for reading eBooks: an experiment with eReaders and Netbooks.* http://difusion.ulb.ac.be/vufind/Record/ULB-DIPOT:oai:dipot.ulb.ac.be:2013/107203/Holdings.

Altrichter, H., Trautmann, M., Wischer, B., Sommerauer, S. & Doppler, B. (2009). Unterrichten in heterogenen Gruppen: Das Qualitätspotenzial von Individualisierung, Differenzierung und Klassenschülerzahl. In W. Specht (Hrsg.), *Nationaler Bildungsbericht Österreich 2009. Band 2: Fokussierte Analysen bildungspolitischer Schwerpunktthemen* (S. 341-360). Graz: Leykam.

Aschemann, B. (2011). *Vierzig Wege der Binnendifferenzierung für heterogene LernerInnen-Gruppen. Ein didaktischer Reader verfasst im Rahmen des Projekts „Deutsch und andere Erstsprachen im gemeinsamen Alphabetisierungskurs".* http://erwachsenenbildung.at/downloads/service/reader_binnendifferenzierung_heterogene_gruppen.pdf.

Bamberger, R., Boyer, L., Sretenovic, K. & Strietzel, H. (1998). *Zur Gestaltung und Verwendung von Schulbüchern. Mit besonderer Berücksichtigung der elektronischen Medien und der neuen Lernkultur.* Wien: ÖBV.

Baumgartner, P. (2014). *Taxonomie von Unterrichtsmethoden: Ein Plädoyer für didaktische Vielfalt.* Münster, New York: Waxmann.

BGBl 99/2015. http://www.ris.bka.gv.at/Dokumente/BgblAuth/BGBLA_2015_I_99/BGBLA_2015_I_99.pdf.

Boie, J. (2014). *Blätter, die haften bleiben.* Süddeutsche Zeitung, 25. August 2014. http://www.sueddeutsche.de/digital/e-books-vs-gedruckte-buecher-blaetter-die-haften-bleiben-1.2098065.

Creative Commons (2016). https://creativecommons.org/.

EduGroup (2015a). *Oö. Jugend-Medien-Studie. Das Medienverhalten der 11- bis 18-Jährigen. Zusammenfassung.* https://www.edugroup.at/fileadmin/DAM/Innovation/Forschung/Dateien/JugendMedienStudie_Zusammenfassung_2015.pdf.

EduGroup (2015b). *Oberösterreichische Jugend-Medien-Studie. Charts Jugendliche 2015.* https://www.edugroup.at/fileadmin/DAM/Innovation/Forschung/Dateien/Charts_Jugendliche_2015.pdf.

Erpenbeck, J. & Sauter, W. (2013). *So werden wir lernen! Kompetenzentwicklung in einer Welt fühlender Computer, kluger Wolken und sinnsuchender Netze.* Wiesbaden: Springer Gabler.

< fnm >

Gailer, C. (2014). *Potentiale von EPUB3 bei der Umsetzung eines Lehrbuchs.* Masterarbeit. Graz: Technische Universität Graz.

Gailer, C., Ebner, M., Kopp, M., Lackner, E., Raunig, M. & Scerbakov, A. (2014). Potential of EPUB3 for Digital Textbooks in Higher Education. In C. Rensing, S. de Freitas, T. Ley & P. J. Muñoz-Merino (Hrsg.), *Open Learning and Teaching in Educational Communities. 9th European Conference on Technology Enhanced Learning, EC-TEL 2014. Graz, Austria, September 16-19, 2014* (S. 564-565). Proceedings.

Guski, A. (2007). *Metaphern der Pädagogik: metaphorische Konzepte von Schule, schulischem Lernen und Lehren in pädagogischen Texten von Comenius bis zur Gegenwart.* Bern u. a.: Peter Lang.

Hacker, H. (1980). Didaktische Funktionen des Mediums Schulbuch. In H. Hacker (Hrsg.), *Das Schulbuch. Funktion und Verwendung im Unterricht* (S. 7-30). Bad Heilbrunn: Julius Klinkhardt.

Herber, E. & Nosko, C. (2012). Totgesagte leben länger – das Schulbuch der Zukunft. In: E. Blaschitz; G. Brandhofer; C. Nosko & G. Schwed (Hrsg.), *Zukunft des Lernens. Wie digitale Medien Schule, Aus- und Weiterbildung verändern* (S. 165-186). Glückstadt: Verlag Werner Hülsbusch.

Höhne, T. (2003). *Schulbuchwissen. Umrisse einer Wissens- und Medientheorie des Schulbuches.* Frankfurt am Main: Johann Wolfgang Goethe-Universität.

Hyde, A. (2013). *What Is a Book Sprint?* http://www.booksprints.net/about/.

Jaksch-Ratajczak, W. (2012). *Aktuelle Rechtsfragen der Internetnutzung.* Wien: Facultas Verlag.

James, D. & Parson, T. (2013). *Booktype 1.6 for Authors and Publishers.* http://sourcefabric.booktype.pro/booktype-16-for-authors-and-publishers/_info/.

Kahlert, J. (2012). *Apps, Tablets, Cloud-Computing – die Pädagogik der Zukunft?* Vortrag zum Thema „Digitale Bildungswelten – Zukunft der Schule?". Goethe-Universität Frankfurt, 15. und 16. November 2012. http://www.bildungsmedien.de/index.php/veranstaltungen/item/download/276_5e6be4f4e77f333e85b1d74513a790cf.

Kerres, M. (2012). *Mediendidaktik. Konzeption und Entwicklung mediengestützter Lernangebote.* München: Oldenbourg.

Lackner, E. (2014). Didaktisierung von Videos zum Einsatz in (x)MOOCs. Von Imperfektion und Zwischenfragen. In K. Rummler (Hrsg.), *Lernräume gestalten – Bildungskontexte vielfältig denken* (S. 342-354). Münster, New York: Waxmann.

< fnm >

Lackner, E. & Raunig, M. (2012). Die Avantgarde der Lehr-Lernmaterialien? Lehren lehren mit E-Books. In G. Csanyi, F. Reichl & A. Steiner (Hrsg.), *Digitale Medien – Werkzeuge für exzellente Forschung und Lehre* (S. 273-275). Münster, New York, München, Berlin: Waxmann.

Lackner, E. & Raunig, M. (2016). Seamless Learning oder Seam-aware Learning? Überlegungen aus einem medienübergreifenden Projekt. *ZFHE, 11*(4). [im Druck]

Moser Opitz, E. (2010). Innere Differenzierung durch Lehrmittel: (Entwicklungs-)Möglichkeiten und Grenzen am Beispiel von Mathematiklehrmitteln. *Beiträge zur Lehrerbildung, 28*(1), 53-61.

NEST (2011). *The Textbook is Dead. NEST. The Networked Society Forum.* http://www.ericsson.com/nestforum/hong-kong-2011/growing-demand/textbook-dead-190.

Oelkers, J. (2010). Lehrmittel: Rückgrat des Unterrichts. *Folio, 1*, 18-21.

Reinmann, G. (2013). Didaktisches Handeln. Die Beziehung zwischen Lerntheorien und Didaktischem Design. In M. Ebner & S. Schön (Hrsg.), *L3T - Lehrbuch für Lernen und Lehren mit Technologien* (S. 127-138). Norderstedt: Books on Demand.

Rudt, F. & Artmann, A. (2012). *Das Buch zu E-Books.* [Kindle E-Book].

Schaper, N. (2007). Lerntheorien. Theories of Learning. In H. Schuler & K. Sonntag (Hrsg.), *Handbuch der Arbeits- und Organisationspsychologie* (S. 43-50). Göttingen: Hogrefe.

Schlegel, C. M. (2003). Schulbuch und Software als Medienpaket. Beurteilungskriterien und didaktische Einsatzmöglichkeiten für integrierte Lernsoftware (ILS). In W. Wiater (Hrsg.), *Schulbuchforschung in Europa – Bestandsaufnahme und Zukunftsperspektive* (S. 175-189). Bad Heilbrunn: Julius Klinkhardt.

Scholz, I. (2016). *Das heterogene Klassenzimmer. Differenziert unterrichten.* Göttingen: Vandenhoeck & Ruprecht.

Schönemann, B. & Thünemann, H. (2010). *Schulbucharbeit. Das Geschichtslehrbuch in der Unterrichtspraxis.* Schwalbach am Taunus: Wochenschau-Verlag.

Siemens, G. (2005). Connectivism: A Learning Theory for the Digital Age. *International Journal of Instructional Technology and Distance Learning, 2*(1), 3-10.

Sourcefabric (2014). *Sourcefabric | Who Is Sourcefabric?* http://www.sourcefabric.org/en/about/who/.

Spachinger, O. (2009). Das Schulbuch der Zukunft oder Die Zukunft des Schulbuchs? In D. Bosse & P. Posch (Hrsg.), *Schule 2020 aus Expertensicht. Die Zukunft von Schule, Unterricht und Lehrerbildung* (S. 243-249). Wiesbaden: VS Verlag für Sozialwissenschaften.

< fnm >

Specht, M., Ebner, M. & Löcker, C. (2013). Mobiles und ubiquitäres Lernen: Technologien und didaktische Aspekte. In S. Schön & M. Ebner (Hrsg.), *L3T - Lehrbuch für Lehren und Lernen mit Technologien* (2. Auflage, S. 217-225). Berlin: epubli.

Stangl, W. (2016). *Inzidentelles Lernen. Online-Enzyklopädie für Psychologie und Pädagogik.* http://lexikon.stangl.eu/5079/inzidentelles-lernen/.

Thonhauser, J. (2006). Qualität von Lehrmitteln – eine Komponente der Unterrichtsqualität? In: Interkantonale Lehrmittelzentrale (Hrsg.), *Lehrmittel im Spanungsfeld von Tradition und Innovation: 2. Lehrmittelsymposium vom 26./27. Januar 2006 auf dem Wolfsberg in Ermatingen TG* (S. 81-95). Rapperswil: Interkantonale Lehrmittelzentrale.

Tyson, H. & Woodward, A. (1989). Why students aren't learning very much from textbooks. *Educational Leadership, 47*(3), 14-17.

Urheberrechtsgesetz § 42 UrhG. http://www.ris.bka.gv.at/Dokumente/Bundesnormen/NOR40173316/NOR40173316.pdf.

Urheberrechtsgesetz § 78 UrhG. https://www.ris.bka.gv.at/Dokument.wxe?Abfrage=Bundesnormen&Dokumentnummer=NOR12024485.

Vogl, H. (2014). Reporting European School Projects In A Collaborative Way. In S. Linhofer & H. Vogl (Hrsg.), *VoiceS - Integrated Competences For European Teachers. Giving Voice(S) To Professionalism And Citizenship In School Networking* (S. 10-12). http://www.european-teachers.eu/products/e-books/voices-integrated-competences-for-european-teachers-giving-voice-s-to-professionalism-and-citizenship-in-school-networking.

Wachtler, J. & Ebner, M. (2014). Unterstützung von videobasiertem Unterricht durch Interaktionen – Implementierung eines ersten Prototyps. *ZFHE, 9*(3), 13-22. http://www.zfhe.at/index.php/zfhe/article/view/674.

Wenk, B. (2013). Kooperative Weiterentwicklung von offenen Bildungsinhalten im Format EPUB 3. *ZFHE, 8*(4), 46-55. http://www.zfhe.at/index.php/zfhe/article/view/578.

Wikipedia (2016). *Open Educational Resources.* https://de.wikipedia.org/wiki/Open_Educational_Resources.

Wong, L.-H. (2012). A learner-centric view of mobile seamless learning. *British Journal of Educational Technology, 43*(1), E19-E23.

Wong, L.-H. & Looi, C.-H. (2011). What seams do we remove in mobile assisted seamless learning? A critical review of the literature. *Computers & Education, 57*(4), 2364-2381.

Woolfolk, A. (2008). *Pädagogische Psychologie* (10. Auflage). München u. a.: Pearson Studium.

< fnm >

Webseiten (Tipps)

http://epubsecrets.com

> Blog zu aktuellen Themen rund um EPUB: „Created by David Blatner and Anne-Marie Concepcion, and hosted by Matthew Diener, ePUBsecrets.com is the world's best resource for all things EPUB."

http://iunig.at/e-book-2012/

> Tagungsdokumentation der E-Book-Tagung der „interuniversitären Initiative für Neue Medien Graz" (29.11.2012 an der Universität Graz)

https://ebook.tugraz.at

> E-Book-Autorensoftware der TU Graz

https://www.e-teaching.org/technik/aufbereitung/text/e_pub/index_html

> EPUB-Informationen auf e-teaching.org (inklusive Link auf das e-teaching.org-E-Book)